JN243171

おしゃれにあこがれるキミへ

わあっ、かわいい！
わたしもこんな
コーデしてみたいなぁ

でも、あんまり
洋服を持ってないし…

持ってる洋服が
少なくても
じょうずに着まわせば
おしゃれは楽しめるよ

2

この本をあげる！
4つの物語を楽しみながら
着まわしテクが学べる1冊なの

すごーいっ、季節ごとの
コーデがいっぱいだー！
さっそく読んでみよっと！

3

もくじ

春の物語　お嬢サマのはじめての友だち

春の登場人物

カリン
10 ページ

モモカ
12 ページ

マホ
14 ページ

夏の物語　ポチと探偵とユーレイと！

夏の登場人物

エヌ
68 ページ

ポチ
70 ページ

ナナセ
72 ページ

秋の物語 ナイショの魔法レッスン！

秋の登場人物

- イチカ 126ページ
- コマリ 128ページ
- サナ 130ページ

冬の物語 恋のライバルはまさかの友だち!?

冬の登場人物

- ヒナタ 186ページ
- ユメノ 188ページ
- ノア 190ページ

ときめき♥おしゃれコラム

お嬢サマのはじめての友だち

人物相関図

友だちになりたいなー

あこがれ

親友

カリン

きつい性格のお嬢サマ。友だちがほしい。

モモカ

カリンのクラスメイトでとてもやさしい。

マホ

カリンのクラスメイト。明るくて勝気。

お嬢サマのカリンは、きつい言いかたをしてしまうことが多いせいか、友だちができないのが悩み。小学校５年生になった春、クラス替えを機に「友だちをつくるぞ！」と意気ごむカリンだけど……。

わたしは3組だー

わたしカリン
今日から小学5年生

カリンお嬢サマ
新しいクラスでは
お友だちができると
いいですね！

わあっ！
じいや、なんで
ここにいるの!?

ホロリ

8

お嬢サマがまた
空気が読めない発言を
しないか心配で…

ズキン

わあっ、ここが
ゆきちゃんの家ね

ゆきちゃんの部屋
うちのトイレくらい
の広さね

いらっしゃい！

カリンちゃんとは
話が合わない…

はっ

っっ

もう自慢なんて
しないぞ！

あんな風にいつもいっしょに
いられる友だちを
絶対につくるんだ…！

9

春の物語 登場人物

友だちがほしいお嬢サマ
カリン

と、友だちになって！……なんて言えないっ

小学校5年生。家がお金持ちで、クラスメイトとは金銭感覚がずれている。そのため、空気が読めない発言をしてしまうことが多く、友だちが少ないのが悩み。裁縫が得意！

スタイルは
おすましガーリー

「ガーリーだけど大人っぽい」がキーワード！　上品で春らしいはなやかなコーデにモノトーンのアイテムをMIXするのがコツだよ！

コーデのPOINT

💜 えり付きトップスで上品に！

💜 ガーリーなコーデに、モノトーン小物で大人っぽさをMIX

💜 細めのシルエットが◎！

春 登場人物

A ハイネックT

えりが首にそって高くなっているから、半袖でも寒ざむしくない！

B えり付き ブラウス
クラシカルなモノトーンブラウス。黒のリボンが大人っぽい★

C レースロンT

首まわりが広めのボートネックT。すそのスカラップがポイント。

D カーディ ガン
カーディガンは、着まわし力◎！ ピンクでガーリー度を底上げ♥

E ブルゾン

上品な白のブルゾン。アウターだけど、トップスとしても着られる。

F えり付き ワンピース

えりのビジューがかわいい！ タイトなシルエットが大人っぽい♥

G 花柄 ワンピース

春らしいスミレ柄。すその切り替えしが女の子っぽさをUP！

H プリーツ スカート

着まわしやすい白のプリーツスカート。短すぎない丈感が◎。

I サス付き スカート

脚長効果◎のハイウエスト。腰まわりとすそのフリルがキュート！

J タイト スカート

大人っぽくなれる＆細見せが叶うタイトラインのスカートだよ。

フリルソックス
足もとまでガーリーに決まる、フリルソックスがイチオシ！

カチューシャ
リボンモチーフで、お上品さとガーリーさを両方ゲット！

小物はコレがマッチ！

清楚で心やさしい女の子 モモカ

小学校5年生。ピアノが得意で、全国大会に出場するくらいのうでをもつ。マホとは家がとなり同士の幼なじみ。気配りができてとてもやさしく、クラスの人気者だよ。

気にしないで〜カリンちゃん、やさしいね♪

スタイルは

パステルポップ

パステルピンクや白をベースにしながら、スウェットやパーカ、柄もののアイテムなどをとり入れて、ポップにまとめたスタイルだよ。

コーデのPOINT

♥ ピンクなどのパステルカラーを
中心にまとめよう！

♥ ボーダーやチェックなど、
柄ものをじょうずにMIX！

♥ 白を効果的にとり入れよう。
黒はあまり使わないほうが◎

この10アイテムを着まわし！

パステルポップ

春 登場人物

A スウェット

ピアノと音符がキュート♥ だぼっとしたシルエットがおしゃれ。

B ロンT

着まわしやすいクリーム色のロンT。肩口のリボンがかわいい！

C ボーダーニット

ピンク×白のガーリーなボーダー。Vネックで首まわりすっきり！

D パーカ

ワッペンがキュートなパーカ。ちなみに、マホと色ちがいだよ♪

E Gジャン

Gジャンも、白ならほどよくガーリー。チェックの裏地にキュン♥

F スウェットワンピ

胸もとのハートがポイント♥ 1枚でサラッと着てもOK！

G 花柄ワンピース

ウエストに切り替えがあるワンピース。女の子っぽい花柄だよ。

H サスペ付きスカート

白のあみあげがキュートな、パステルカラーのサス付きスカート。

I チュールスカート

チュールレースを用いたふんわりしたスカート。音符柄がかわいい。

J サロペパンツ

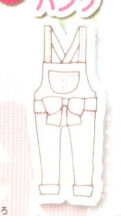

白のデニムサロペだよ。ステッチがピンクだから、ほどよくガーリー。

ヘアアクセ

リボンやポンポンなどのかわいいヘアアクセではなやかに！

スリッポン

スリッポンで、動きやすさとおしゃれを両立しよ♪

小物はコレがマッチ！

13

小学校5年生。運動神経ばつぐんで、バスケットボールクラブではキャプテンをつとめる。勝気な性格で、思ったことははっきり言う。おっとりしている幼なじみのモモカがちょっぴり心配……。

モモカがゆるしても
わたしがゆるさないんだからっ

スタイルは

スポーツMIX

スウェットやスタジャン、パーカなどのスポーツ系のアイテムや、モチーフ、柄をとり入れたスタイルだよ。動きやすくてかわいいのが特徴！

コーデのPOINT

- ♥スポーツ系のアイテムを、服や小物でとり入れよう
- ♥スウェット生地のアイテムでスポっぽさUP！
- ♥足もとはスニーカーが◎
- ♥足を出して元気よく！

A Tシャツ

英字のロゴが入ったTシャツ。そでのラインでスポっぽさUP。

B スウェットT

グレーベースのスウェットは、ワッペンやスパンコールでポップに！

C ゆるロンT

ゆる〜いシルエットの、ボートネックT。レイヤードにも使える！

D ポロシャツ

すずしげなポロシャツ。えりがあるから、ラフになりすぎないのが◎。

E スタジャン

半そでのスタジャン。ミントグリーン×白がさわやかでステキ♪

F パーカ

ワッペンがポイントのブルーパーカ。モモカと色ちがいだよ★

G スウェットワンピース

スポっぽさ急上昇のスウェット×ボーダー柄ワンピースだよ。

H シャツワンピース

デニム生地のシャツワンピースだよ。ワッペンがポップだね！

I プリーツスカート

テニスのスコートみたいなプリーツスカート。着まわしやすい白だよ。

J ショートパンツ

ハイウエストだから、脚長見せが叶う！着まわし力も◎だよ。

ラインソックス

ライン入りのソックスは、スポっぽさUPの定番アイテム。

スニーカー

スポといえばスニーカー！合わせやすい色を選んでね♪

小物はコレがマッチ！

15

ほつん…

ワイ

ワイ

1 Day

B＋D＋H
ブラウス×プリーツスカートにカーディガンをサッとはおったよ★

今日は運命のクラス替え！
「友だちをつくりたい！」とやる気満々のカリンだったけど、楽しそうなクラスメイトたちの輪に入っていけず、ひとりぼっちに……。

D＋F＋J
腰にパーカを巻い
てアクセントに。
寒いときにはおれ
て便利なの！

B＋E＋I
ガーリーなチュー
ルスカートを、G
ジャンでカジュア
ルダウン！

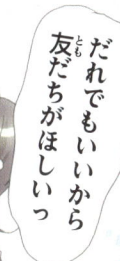

だれでもいいから
友だちがほしいっ

一方、幼なじみのモモカとマホは、
同じクラスになれて大喜び！
「ワーイ、マホといっしょだあ♪」
「1年間よろしく、モモカ！」

17

E＋F

ワンピースのえり
をブルゾンの外に
出して、お嬢ライ
クにキメッ♪

E＋G

スウェットワンピ
にスタジャンを
ＯＮオンすれば、スポ
っぽさ急上昇↗

C＋J

動きやすさを重視。
カジュアルになり
すぎないのは「白」
の魔法だよ♥

いいなぁ…

今日も友だちができず、カリ
ンはしょんぼり。
ふと見ると、クラスメイトの
モモカとマホが楽しそうに話
しています。

A＋I
ハイネックTにハイウエストボトムスを合わせて、スタイルＵＰ！

D＋H
パーカの前を全部しめれば、トップスに変身。着まわし上級テクだよ。

C＋I
ボートネックTは、インナーにタンクトップを合わせるとGOOD！

モモカとマホは幼稚園のころから仲がいいみたい。
（わたしもあんな友だちがほしいな……）
それとなく聞いていると、モモカはピアノがじょうず、マホはバスケットボールクラブのキャプテンなんだって！
ふたりとも、クラスの人気者のようです。

4
Day

C+G
ロンＴにワンピー
スを重ねて、レイ
ヤードに。白がち
でおしゃれ！

同じクラスの
カリンちゃんだよね？

今日はあいにくの雨。迎えの車
を待つカリンに、モモカが声を
かけてくれました。

置きがさがあるから よかったら使って？

A＋I
スウェット×スカートのラフなコーデ。ヘアアクセではなやかに！

B＋J
スウェット×デニムショーパンのラフなコーデもワッペンでポップに♪

モモカは、マホといっしょに帰る途中のようです。カリンが雨宿りをしているのだと思ったモモカは、かさを差しだしてくれました。しかし、急に声をかけられておどろいたカリンはつい……。

フンッ

そんなの いらないわ

その言いかたは ないんじゃ ないの？

そ、そっかぁ ごめんね？

カリンの言葉を聞いて、友だち思いのマホが怒ってしまいました。

21

5 Day ひどい言いかたをしてしまったことを後悔するカリン。モモカにあやまろうとするけれど……。

せっかく親切にしてくれたのに…

あの…

音楽室行こっ

う、うん

A＋H＋I
シャツワンピをはおりものとして着こなせば、一気にこなれ感がＵＰ！

E＋J
ブルゾンの前をしめてトップスに。タイトスカートですっきり見せ！

E＋F
腰にＧジャンを巻いて、スウェットワンピにアクセントを加えたよ。

モモカ以上に怒っているマホが、それをゆるしません。

今日はクラブ活動があるため、マホはバスケットボールの練習に行きました。
あやまるタイミングをさがしていたカリンは、勇気をだしてモモカに話しかけます。

モ…
モモカちゃんっ

D + F
ワンピの上にカーデをＯＮ。前をとじてえりを出せば雰囲気が変わる！

D + G
ガーリーなワンピにパーカをＯＮして、ほどよくカジュアルダウン！

C + G
ワンピの上にゆるＴを着るよ。ワンピをスカート風に着こなせるの！

この間、いらないなんて言ってごめんね

えっ、そんな気にしないでいいよ～

あ、ありがとう

23

じいーっ

モモカちゃんって やさしいなぁ

A＋E＋J
Ｔ（ティー）シャツ×ショーパンの定番コーデ。スタジャンをはおっておしゃれに！

C＋I
カジュガーリーなボーダーＴ（ティー）を、チュールで甘（あま）～くまとめたよ♥

B＋I
シックな色（いろ）でまとめたコーデだよ。大人（おとな）っぽいねってほめられるかも♥

モモカのこと見（み）てる…？

昨日（きのう）、やさしい言葉（ことば）をかけてくれたモモカのことが気（き）になるカリン。
（モモカちゃんと仲（なか）よくなりたい！）
そう思（おも）って、モモカをじっと見（み）つめるカリン。その視線（しせん）にマホが気（き）づき、首（くび）をかしげました。

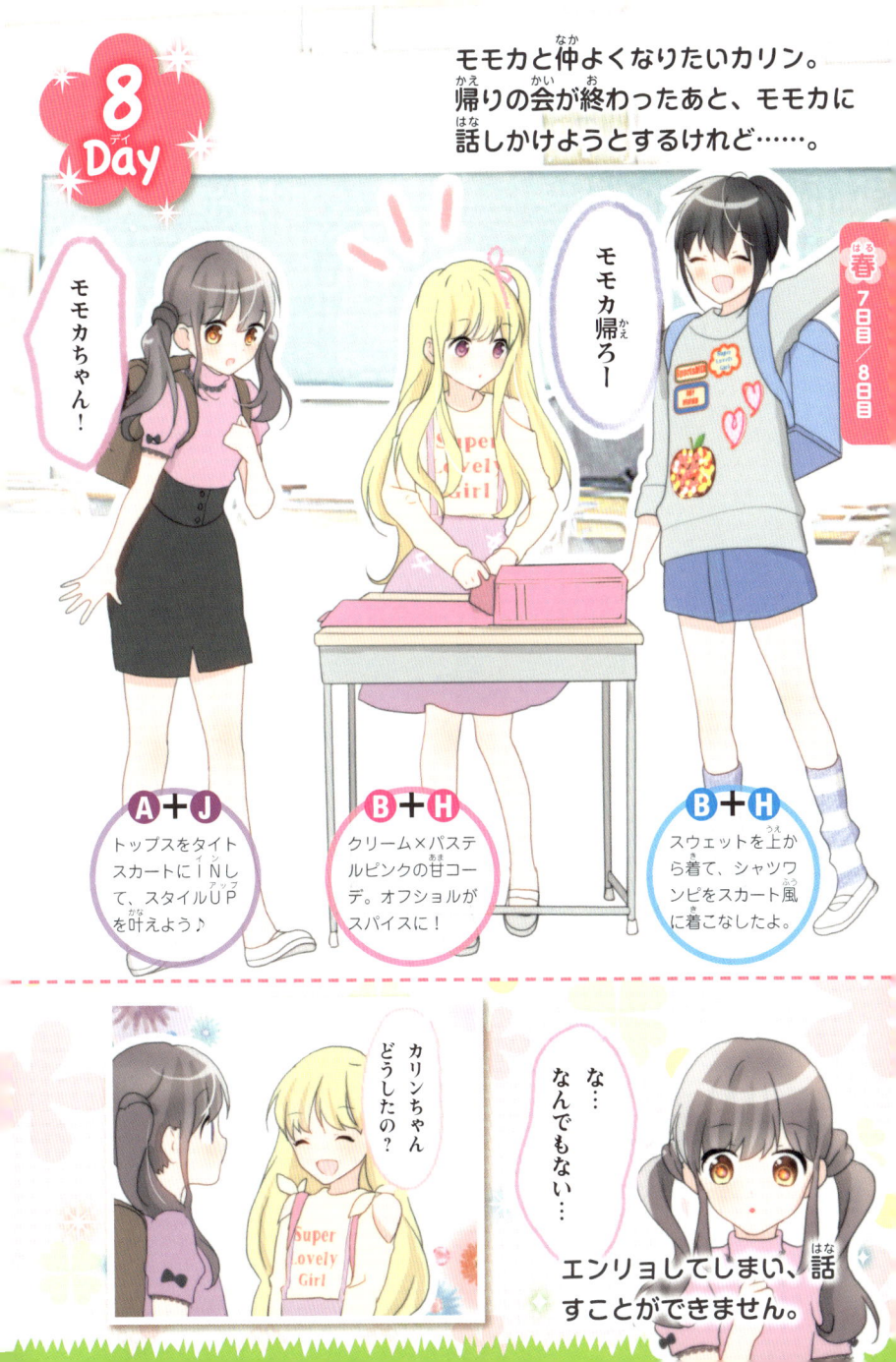

はぁ～～～

今日も話しかけ
られなかった…

C+E+G

ワンピースをボト
ムスに。さらに、
ブルゾンをはおれ
ば寒い日も安心！

モモカに話しかけたいカリンですが、マホががっちり
ガードしていることもあり、なかなか勇気がでません。
今日もひとりぼっちでトボトボ帰ります。

もう
あの子なんなのっ

一方のマホは、まだちょっ
とカリンに怒り気味。
でも、そんなマホにモモカ
は……。

う～ん
そうかなぁ？

カリンちゃん
あやまってくれたよ？
それに、ホントは
やさしい子だと思うの

F＋J
スウェットワンピ
を、サロペの下に
着てトップスとし
て着こなしたよ。

F＋G
スウェットワンピ
にパーカを重ねて、
カジュポップにま
とめたよ♪

27

10 Day

E + G
花柄ワンピにＧジャンを合わせて、ほどよくカジュアルダウン！

E + I
スタジャンの前をしめてプリーツを合わせ、テニスユニフォーム風に！

D + H
カーディガンのボタンをしめてトップスに。大人っぽい白がちコーデ。

家がとなり同士のモモカとマホは、今日もいっしょに家に帰ります。そのようすを、離れたところから気まずそうに見つめるカリン。マホはそんなカリンを見つけ、ちょっぴり気になるようす。

……

28

11 Day

春 10日目／11日目

C＋F
ロンTをワンピースのインナーに。レースでコーデが上品になるね♥

A＋H
スカートのサスは、外にたらすとコーデのアクセントになるよ。

H
シャツワンピをサラッと1枚で。ボタンは全部しめてきちんと感UP！

モモカに「カリンちゃんはやさしい子」と言われたマホは、学校でカリンのようすをそれとなく観察します。
カリンは口調こそきついですが、率先して教室の花びんの水を交換したり、めんどうなゴミ捨てに行ったりしていました。

言いかたがきついだけなのかな？

29

12 Day

1日観察して、マホはカリンと話してみたいと思うようになりました。
マホは、モモカといっしょにカリンに声をかけます。
カリンは内心とてもうれしかったのですが、突然話しかけられたことにおどろいてしまい、つい……。

マホに対してきつい言いかたをしてしまったカリン。教室にいづらくなったカリンは、非常階段に座って、手づくりのぬいぐるみに向かって話しかけました。

「なんであんな言いかたしちゃうんだろ…」

春 12日目／13日目

あれっカリンちゃんだ

…後悔してるのかな?

C＋J
2日目と同じ組み合わせ。サロペパンツの上にトップスを着たよ。

B＋I
スウェットをボトムスにINしてすっきり見せ。脚長効果もあるの★

A＋H
キュートなピンク×ホワイトの組み合わせ。春にイチオシの色みだよ♪

そんなカリンを見かけたモモカとマホ。カリンの悲しそうなようすを見て、マホは首をかしげます。

G＋H
シャツワンピの前を全部あけて、アウター風に。ワンピと合わせたよ♪

E＋G
10日目と同じ組み合わせ。Gジャンの前をしめればトップス風に！

B＋D＋J
ポイントは、カーディガンを肩にかけてアクセントにしたところだよ。

悩んだカリンは、お母さんに相談することにしました。
モモカとマホのことを話し、どうしたら仲直りできるか意見を聞きます。

「そうねぇ。宝石かなにかプレゼントしてみたら？」
「……なるほど。プレゼントっていいかも！」
カリンはあることを思いつきました。

32

モモカとマホも、カリンのことを気にかけていました。モモカと話していて、マホにも思いあたることがありました。はっきりした性格のマホは、つい友だちにきつい言葉をぶつけてしまうことがあったのです。

そうかなぁ…

カリンちゃんってなんだかマホに似てる気がするんだ～だからいい子だと思うの！

C＋J
ゆるTをショーパンにIN！ 腰まわりのフリルがポイントになるね♥

F＋H
スウェットワンピは、スカートにINすればトップスになるよ♪

そのころカリンは…

C＋E＋I
清楚度UPの白がちコーデ。上品なイメージにしたい子にぴったり！

昨日のアイデアを形にするべく、あるものをつくっていました。

16 Day

ほら がんばれ マホ！

カリン！

C＋D＋J
今日もパーカはマホとおそろい♥ 白サロペはどんなコーデにも合う♪

F＋H
シャツワンピに前をしめたパーカをON。ワンピがスカートに変身！

この日、マホは決めていることがありました。
それは、もう一度カリンに話しかけること。
モモカに背中をおされたマホは、カリンに声をかけます。

あの…さけるようなことしてごめんね？

B＋G
ブラウスをワンピの下に着たよ。えりを出せば雰囲気が変わるね♪

おどろいたカリンは、またもや思ってもいないことを言いそうになりましたが、それをグッとこらえました。
そして、ようやくマホにあやまることができたのです。

わ、わたしこそ失礼なこと言ってごめんなさい！

仲直りした翌日、カリンは勇気をだしてモモカとマホに話しかけました。
そして、この間からつくっていた"プレゼント"をふたりに渡します。
それは、得意の裁縫でつくった、ピアノとバスケットボールのマスコットでした。

春 17日目

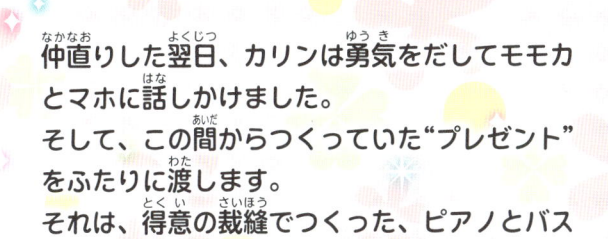

こ、これ…
よかったらもらってくれない？

よかった…！

すご～い！
カリン器用なんだね

わあっ
かわいい♥

ふたりは、プレゼントをとても喜んでくれました。
うれしそうな顔を見て、カリンはほっとします。

18 Day

3人の班になって新聞をつくるぞー

カリン！

いっしょに組む友だちなんていないのに…

A＋G
ハイネックTを、ワンピースのインナーに。ピンクがさし色になるよ♪

先生が、好きなメンバーでグループをつくって、町の新聞をつくるように言いました。いつもなら、カリンは友だちがいないため困ってしまいます。しかし、今日は……。

カリンちゃん
絵がじょうずだし
よかったらイラスト
描いてほしいなっ

ねぇっ
いっしょに組まない!?

G
スウェットワンピ
をすっきり着こな
し。春の暖かい日
にぴったり！

C＋H
ピンクをプッシュ
した甘コーデも、
ボーダー柄ならほ
どよくポップに。

うんっ！

なんと、モモカとマホがい
っしょの班になろうと声を
かけてくれたのです！
カリンはとても喜び、大き
くうなずきました。

昨日（きのう）は楽（たの）しかったなぁ
ふたりとも
すっごくやさしいし！
…友（とも）だちになりたいな

じいーっ

D＋I
パーカをトップスにして、チュールスカートをポップに着こなそ！

B＋H＋I
シャツワンピをはおったよ。ワッペンがラフなコーデをはなやかに！

C＋H
全身白系（ぜんしんしろけい）で統一（とういつ）。あえて色（いろ）みを足（た）さないのが、おしゃれの上級（じょうきゅう）テク！

どうしたら仲（なか）よくなれるかな？

楽（たの）しかった社会（しゃかい）の授業（じゅぎょう）を思（おも）い出（だ）しながら、カリンはモモカとマホをじっと見（み）つめます。
これまで、「だれでもいいから友（とも）だちがほしい」と思（おも）っていたカリン。
でも今（いま）は、「モモカやマホと友（とも）だちになりたい！」と強（つよ）く思（おも）うのです。

20 Day

ふたりと仲よくなるためにどうすればいいかを考えていたカリンに、あるアイデアが浮かびます。
「またプレゼントをしよう！」
ふたりは、手づくりのマスコットを喜んでくれました。
「今度はお金をかけて、もっといいものを贈ろう！」

E＋G
2日目と同じ組み合わせだけど、スタジャンの前をしめてアレンジ！

E＋I
サス付きスカートにブルゾンをON。前をしめれば、トップスに変身。

B＋J
クリーム色のトップスに白サロペを合わせた、やさしい色みのコーデ。

一方、モモカとマホもカリンの話をしていました。
ふたりも、カリンともっと仲よくなりたいと思っていたのです。

21 Day

B + J
ブラウスにタイトスカートを合わせた、シックな大人っぽコーデだよ。

カリンは一晩悩んで、ようやく贈りものを決めました。
「モモカにはピアノの発表会で着られるようなドレスを、マホには海外ブランドのバスケットボールシューズを贈ろう！」
きっと喜んでもらえるはず！　カリンはそう信じてうたがいません。

明日、さっそくふたりに話そう！

そのころ、マホはモモカの家に遊びに来ていました。ふたりの手には、カリンからもらった手づくりマスコットがあります。

カリンってきっとセンスがいいんだね

すごいよね〜わたしもつくりたい

F＋J
パーカの前をしめてトップスに。デニムショーパンと合わせたよ。

A＋G
スウェットを肩にかけたのがポイント。寒くなったら着ちゃおう！

そうだ！

「カリンにつくりかたを教えてもらおうよ！」
カリンともっと話したいと思っていたマホは、そう言いました。

22 Day

カリンはさっそくふたりに話しかけます。
「あのね、ふたりにプレゼントしたいものがあるの！」
贈りものについて説明をするカリンでしたが……。

C＋F
11日目と同じ組み合わせ。ワンピの上にロンTを着てイメチェン！

D＋H＋I
緑のポロシャツとスカートでさわやかにまとめ、シャツワンピをＯＮ。

E＋F
5日目と同じ組み合わせ。Ｇジャンをはおってちがいをだしたよ。

モモカとマホは、喜ぶどころか困ったような顔をしています。

そ、そんなのもらえないっ！

気持ちだけでうれしいからっ

どうして…？喜んでもらえると思ったのに

44

しょんぼりしてしまうカリン。
また、モモカとマホも、カリンにな
んと伝えればいいか悩んでいました。

はぁ…

どうして喜んで
もらえなかったんだろう

春 22日目／23日目

B＋H
サスを中にしまっ
たのがポイント。
ピンクソックスで
甘さをプッシュ。

F＋G
腰にパーカを巻い
てワンピのアクセ
ントにして、9日
目とイメチェン♪

A＋I
トップスをスカー
トの上から着て、
3日目と印象を変
えたよ♪

モモカとマホは、高価なものがほし
かったわけではありません。
何かがほしくて、カリンと友だちに
なりたかったわけではないのです。

明日カリンに
話してみよう！

あたし

うん！

24 Day（デイ）

モモカとマホは、
カリンに声（こえ）をか
けました。

あっ

いた！

カリン！

えっ

今（いま）ちょっと
いいかな？

C＋D＋J
ゆるＴ（ティー）のえりから、
中（なか）に着（き）たポロシャ
ツのえりを出（だ）した
のがポイント！

B＋D＋G
ブラウスの上（うえ）にワ
ンピを着（き）るよ。さ
らに、肩（かた）にカー
ディガンをＯＮ（オン）！

D＋J
サロペパンツに、
前（まえ）チャックをしめ
たパーカを重（かさ）ね、
トップス風（ふう）に！

46

「この間もらったマスコット、すっごくかわいくて」
「よかったら、つくりかたを教えてくれない？」
ふたりは、高価なプレゼントに戸惑ってしまったこと、カリンともっと仲よくなりたいことを伝えました。

じゃあ
今週の日曜
カリンの家で！

おじゃま
するねっ！

う、
うんっ
待ってるね！

そして3人は、4日後に遊ぶ約束をしました。

25 Day

あっ、カリン！

いっしょに帰ろっ

うんっ

うれしいっ！
ふたりと友だちに
なれたのかな!?

E+H
ブルゾンをトップスにし、スカートを合わせてほどよくガーリーに♥

F+H
パーカ×シャツワンピでスポに！16日目と印象が変わるね。

A+F
スウェットワンピの上に、スウェットをON。ワンピをスカート風に！

帰り道、モモカとマホに声をかけられたカリンは、
迎えの車を帰してふたりと帰ることにしました。
カリンははじめての友だちとの下校に大喜び！

だけど、途中でふと怖くなって
しまいます。
（また、失礼なこと言っちゃっ
たら……。今度こそ、ふたりは
話しかけてくれなくなるかもし
れない！）
そんな考えが頭をよぎったが最
後、カリンは何も話せなくなっ
てしまいました。

そんなカリンを、マホが心配そうに見つめます。

26 Day

今日も、3人でいっしょに帰ることに！
しかし、カリンはうまく話すことができません。

カリンちゃん
ゴールデンウイークは
どこに行くの？

海外に行く予定だけど
自慢だと思われるかな？
でも、うそをつくのは……

言いたいことは
がまんしなくて
いいんだよ！

言葉に詰まってしまう
カリンに、マホが笑い
かけました。

えっ…！

カリンの話
おもしろいしさ！

わたしたちが
知らないこと
たくさん知ってて
話してると楽しい♪

C + E + I
ネイビー×白のシックな印象のコーデを、スタジャンでポップに！

B + D + H
腰に巻いたパーカがアクセントに。パステルコーデがポップになる♪

C + J
細見せの強い味方、タイトスカート。トップスをINすれば効果倍増！

（そんな風に言ってもらえると思わなかった！）
マホのうそのない言葉と、モモカのやさしい言葉に、カリンの胸はいっぱいになりました。
自分自身を認めてもらえて、本当の友だちになれた気がしたのです。

ふたりとも
ありがとう！

Day 27

F
家から出ない日は、
ワンピをサラッと
1枚で、ゆったり
着こなして♪

明日は、ふたりが家に遊びに来る日。
はじめての友だちをお迎えするために、
カリンはおもてなしの準備をします。

A＋H＋J

今日はシャツワンピをはおりものとして。ほどよいカジュさがツボ♥

E＋G＋I

花柄ワンピは、スカートを足せばトップスに変身。Gジャンも相性◎！

一方のモモカとマホも、明日のために準備をしていました。

カリンの家に手づくりのクッキーを持っていこうと、ふたりでお菓子づくりをはじめたのです。

3人の気持ちは同じでした。

喜んでもらえるといいな

28 **Day**

ここかな？

すごいおうち…

ピンポーン

いらっしゃい！来てくれてありがとう

そして、ついにその日がやってきます。カリンの家の大きさにおどろくモモカとマホ。ふたりは、おそるおそるチャイムを押しました。
すると、満面の笑みのカリンが、ドアから顔を出しました。

54

昨日準備したんだ♪

パーティじゃないんだから！

わあっすごーいっ!!

B＋G
16日目と同じ組み合わせ。花柄ワンピにブラウスをONしたよ。

B＋F＋G
スウェットワンピをスカートとして着こなし。パーカでスポ度をUP！

A＋J
サロペパンツをスウェットにON。定番だけど動きやすいしかわいい♥

あ、あのこれ…

きのう昨日のふたりでつくったの

カリンが用意した盛大すぎる歓迎におどろく、モモカとマホ。ふたりも、昨日つくったクッキーをカリンに渡しました。

手づくりって気持ちがこもっててこんなにうれしいんだ！

29 Day

休み時間——。昨日みんなでつくったおそろいのストラップを手に、3人はとても楽しそうに話していました。

F
スウェットワンピを1枚ですっきり着こなし。ラフで動きやすいよ♥

D＋I
サスをカーディガンの中に着たよ。ピンクとフリルは相性ばつぐん！

H＋I
シャツワンピをトップスに、デニムシャツ風に着こなしたコーデだよ。

そんな3人を見て、クラスメイトたちが首をかしげます。今まで人を寄せつけないオーラを出していたカリンが、笑顔を見せていることにおどろいたのです。

カリンちゃんって思ってたより怖くないのかな？

C＋E＋H
ピンクＴ（ティー）×パステルスカートを、白（しろ）のＧ（ジー）ジャンで甘ポップにアレンジ。

D＋E＋J
ポロシャツ×ショーパンにスタジャンをはおって、スポをプッシュ♪

A＋E＋H
春（はる）らしいピンクＴ（ティー）×白（しろ）プリーツの組み合わせに、ブルゾンをＯＮ（オン）！

今日（きょう）は遠足（えんそく）。以前（いぜん）とはちがってにこにこ笑（わら）うカリンに、クラスメイトたちも話（はな）しかけてくれるようになりました。
（わたし、自分（じぶん）で壁（かべ）をつくってたんだなあ。素直（すなお）になれば毎日（まいにち）がすっごく楽（たの）しい！）
3人（にん）のバッグには、手（て）づくりしたおそろいのストラップがゆれていました。

コーデの基本をマスターしよう！

最初のコラムでは、コーデの基本の"き"と、着こなしや買いものテクニックを大紹介しちゃうよ♪

まずは 基本のファッションアイテムをおさらい！

アウター

トップスの上にはおるようにして着る服だよ。

- ♥コート
- ♥ジャケット
- ♥ジャンパー
- ♥カーディガン

など

ボトムス

下半身に身につける服のことだよ。

- ♥ジーンズ ♥スカート
- ♥キュロット ♥スカパン

など

トップス

上半身に身につける服のことだよ。

- ♥Tシャツ
- ♥ブラウス
- ♥カットソー
- ♥スウェット

など

小物

洋服以外のアイテムをまとめてこう呼ぶよ。

- ♥くつ
- ♥バッグ
- ♥帽子
- ♥アクセサリー
- ♥ヘアアクセサリー
- ♥めがね
- ♥ベルト

など

これも**チェック！**

ワンピース

トップスとスカートがつながった服のことだよ。「ワンピ」と略されることも！

セットアップ

トップスとボトムスがセットでデザインされた服。別べつに着てもいいから、着まわし力◎。

58

おしゃれなコーデ3つのコツ

コツ1 服をじょうずに着まわそう

手持ちの洋服が少ないからって、おしゃれは無理だと思いこんでない？　知っておいてほしいのは、「おしゃれの鍵は服の数じゃない」ってこと。下の「着まわしの例」を見てみて。1着のパーカでも、合わせるアイテムによって印象はグッと変わるよね。つまり、工夫しだいでコーデにはいくつもの広がりができるんだよ。

少ないアイテムをバリエーション豊かに着こなすことを「着まわし」と呼ぶよ。この本で紹介する着まわしテクを参考に、いろいろなコーデを考えてみよう！

★着まわしの例

これを着まわし！

パーカ

フードがついていて、伸び縮みするスウェット生地のものをさすことが多いよ。

その1

前をしめてボトムスと合わせればトップスとして使えるよ。いろいろなボトムスと組み合わせよう。

その2

ファスナーを開けてトップスの上にはおると、アウターに変身。こんな風にワンピースの上にはおるのもおすすめ♪

その3

腰にサッと巻けば、コーデのアクセントになるよ。また、肩にそでをかけるのもおすすめ！

コツ2 スタイルを意識してみよう

コーデするときは「スタイル」を意識することが大切！　スタイルとは、女の子っぽくてかわいい、カラフルで元気、大人っぽくてクールなど、服を着こなしたいイメージ別に分けたものだよ。スタイルを意識せず、適当に服を組み合わせると、印象がバラバラでちぐはぐなコーデになっちゃうことも。スタイルの種類はたくさんあるけれど、まずは定番の8つのスタイルをおさえればOKだよ！

定番スタイル8

★ガーリー

フリルやパステルカラーなど、女の子っぽいモチーフや色を使った甘いスタイル。

★ポップ

ビビッドカラーや、星柄、水玉柄などをとり入れた、元気いっぱいなスタイル！

★カジュアル

アースカラーやチェック柄（がら）などをとり入（い）れた、ナチュラルさが魅力（みりょく）のスタイル。

★クール

ちょっぴりセクシーで大人（おとな）っぽいスタイル。モノトーンを中心（ちゅうしん）にまとめよう！

★プレッピー

学校（がっこう）の制服（せいふく）を着（き）くずしたようなスタイル。"きちんと感（かん）"を演出（えんしゅつ）するのがポイント！

★スポMix（ミックス）

ナンバーT（ティー）やキャップなど、「スポーツっぽい」アイテムをMIX（ミックス）したスタイル。

★ボーイズライク

「男（おとこ）の子（こ）っぽい」アイテムやモチーフで、ボーイッシュにまとめたスタイルだよ。

★マリン

水兵（すいへい）をモデルにしたさわやかなスタイル。赤（あか）、白（しろ）、青（あお）のトリコカラーが定番（ていばん）！

コツ3 じょうずに買いものしよう

「サイズが合わない」、「手持ちの服とコーデしづらいアイテムだった」、「予算オーバー！」、「似たような服ばっかり買っちゃう」。そんな買いものの失敗をしちゃったことはない？ 買いものじょうずになるには、次の3つのコツをおさえることが大切！ 本当にほしいアイテムかどうか、よく考えて購入しよう！

失敗しない買いもののコツ

ポイント① 事前にしっかり準備しよう

買いものを失敗しちゃう大きな原因は、「事前にきちんと準備しないこと」だよ。たとえば、手持ちの服がわかっていれば、似たような服やコーデしづらい服を買ってしまうこともないし、あらかじめ予算を決めておけば、つい買いすぎることもないよね。次の3つのポイントをチェックしておこう！

クローゼットを確認しよう

手持ちのものに似た服や、コーデしづらい服を買わないように、今持っている服を確認しよう。

自分が着たいスタイルを決めよう

自分が挑戦したいスタイルを決め、それに合った服を選ぶと、コーデに統一感が生まれるよ♪

今日の予算を決めよう

予算を決めないと、あれもこれもと目移りしちゃうよね。予算分だけお金を持っていこう。

単体ではどんなにかわいくても、手持ちの服とコーデしづらいアイテムだと、買ったあと着る機会が少なくなりがち。また、いつも似たような組み合わせばかりになって、コーデにバリエーションが出なくなってしまうよ。この本のテーマでもある「着まわし」しやすい服を選ぶようにしよう！

★着まわしやすいアイテム

カーディガン

アウターとしてはもちろん、前をしめればトップスに、腰に巻けばアクセントになるよ。

シャツワンピ

はおりものとしても使えるし、すそをボトムスにしまえばトップスにも変身するよ★

サス付きスカート

サスを付けたり外したり、トップスをINしたり外に出したりと、着かたが自由自在！

いくら気に入ったアイテムがあっても、試着せずに購入するのはNGだよ。なぜなら、サイズが合わなかったり、想像していたシルエットが出なかったり、顔色が悪く見えてしまうことがあるから。服を汚さないように気をつけ、次の３つのチェックポイントを確認しながら試着しよう！

試着のポイント

試着しやすい服を着ていこう

シンプルなトップス×ショーパンなど、着替えやすい服で買いものに出かけよう！

試着室から出て全身を確認！

着替えたら、試着室から出てくつをはき、大きな鏡で全身のバランスをチェックしてね。

ほかの人の意見も聞いてみて

ひとりで考えず、親や友だち、お店の人に感想を聞いて客観的な意見を聞くのがベストだよ★

夏の物語

ポチと探偵とユーレイと！

人物相関図

夢は探偵！

ポチ
エマのペットのトイ・プードルだったが…。

エマ
探偵になりたい女の子。ポチの飼い主！

ナナセ
クラス委員長。かわいいものが好き♥

ペット
ご主人サマ
クラスメイト

依頼人

スズキさん
エマのご近所さん。

カエデ
エマ、ナナセのクラスメイト。

エマは、探偵にあこがれる女の子。ある朝起きたら、ペットのポチが人間の女の子に大変身していた……！
エマは、ポチやクラスメイトのナナセを巻きこんで、"エポナ探偵団"を結成することを思いつく。

犯人はオマエだ…!!

はぁぁぁっ
カッコいい〜!!

エマー
ポチの散歩行ってきて

はーい!

探偵ってすごいなぁ
あんな風に事件を
ズバっと解決してみたい

でもわたし
頭よくないしなぁ

同じクラスのナナセ
くらい頭がよかったら
探偵も夢じゃないのにな

・・・・・・

夏の物語 登場人物

どんな事件もエポナ探偵団が解決するよっ

探偵にあこがれる元気ガール
エマ

小学校6年生。明るくて、元気いっぱいの女の子！ ポチの飼い主。幼いころから探偵にあこがれているけれど、「頭もよくないし……」と、ちょっぴりあきらめ気味。

スタイルは…

サマーマリン

夏の定番、マリン！ 水兵をイメージしたさわやかなスタイルだよ。赤白青のトリコカラーや、セーラートップスをとり入れたコーデが定番！

コーデのPOINT

♥トリコカラーをとり入れよう！

♥船やいかりなどのモチーフのアイテムがイチオシ！

♥セーラーえりのトップスが◎！

A セーラーT

青のセーラーえりがポイント！ 赤ボーダーも夏らしくてGOOD。

B イエローT

いかりモチーフでマリン度急上昇！ 黄色がコーデをはなやかに♥

C フリル付きブラウス

カラフルなボタンがキュート。そでのフリルが女の子っぽい！

D ゆるT

ゆるめのシルエットが特徴。すそのシフォンがガーリーだね♥

E セーラーワンピース

白×ネイビーラインのせいそなワンピース。さわやかに着こなそ♪

F ヨット柄ワンピース

ヨット柄がキュートなワンピース。シンプルな形で着まわしやすい。

G ショートパンツ

ゴールドのラインが特徴の、ハイウエストデニムショートパンツ。

H スカパン

ネイビーに、すその白ラインがポイントのスカートパンツ。

I サロペット

ギンガムチェック柄の、ウエストのリボン＆ポケットがポイント！

J 白スキニーパンツ

白の細めシルエットのパンツ。トリコロールのステッチがおしゃれ。

キャスケット
水兵っぽいキャスケット帽でマリン度を底上げしよっ♪

短めソックス
夏は脚を出して健康的に。短めソックスできちんと感も演出。

小物はコレがマッチ！

69

ポチ

ご主人サマ、
お散歩行こうよ〜♪

その正体は、エマがいっしょに暮らしているトイ・プードル。ある朝起きたら、人間の女の子に変身していた……！　好きなものは、おやつのチーズと毎日のお散歩。でも、ご主人サマのエマがいちばん好き♥

スタイルは

アニマルポップ

柄ものやカラフルなアイテムをとり入れた、明るくてはなやかなコーデが特徴的。さらに、動物モチーフを投入して、個性的に決めて★

コーデのPOINT

♥柄アイテムをたくさん
　とり入れてはなやかに！

♥ピンクやブルーなど、夏らしい
　カラフルな色を投入しよう

♥動物モチーフをとり入れれば
　もっと個性的になるよ！

夏 登場人物

A ロゴT

着まわしやすいシンプルなロゴT。ブルーのロゴがさわやか！

B オフショル

首まわりがティアード風になっている、ストライプ柄オフショルT。

C ドットキャミ

リボンがキュートなドットキャミ。ほんのり水色でかわいい♥

D 柄シャツ

ラブレター柄が個性的なクレリックシャツ。コーデがはなやかに！

E ポチ柄ノースリーブ

トイ・プードルがドーン！ ポチ柄のノースリーブだよ♪

F ワンピース

うさぎの耳みたいなシルエットが特徴的な、ガーリーワンピース。

G チェック柄ワンピース

ギンガムチェック柄ワンピース。そで＆切り替えし下がシフォン！

H ティアードパンツ

シフォンがティアードになっているショートパンツだよ。

I サス付きスカート

着まわしやすい、ネイビーのサス付きスカート。リボンがキュート。

J 柄ショートパンツ

Cのキャミと同じ色、柄のショートパンツ。セットアップになるよ。

リボンアクセ
小さなリボンモチーフのアクセで、かわいさをプッシュ！

メッシュソックス
肌が透けて見えるメッシュソックスですずしげに★

小物はコレがマッチ！

クールなクラス委員長 ナナセ

ポ、ポチちゃんが言うならしかたないわね

小学校6年生。学年でいちばん頭がよく、クラス委員長をしている。じつは犬などの動物や、かわいいものが大好き！　人間に変身したポチにメロメロ♥　そのせいで、エマが結成した探偵団に巻きこまれる。

スタイルは

クールストリート

大人っぽくてクールな印象の色や柄、シルエットの服を着こなしたコーデ。オルテガ柄やヤシの木柄などをとり入れた、個性的なスタイルだよ。

コーデのPOINT

♥グレーやカーキなど渋めの色みで
　大人っぽくまとめよう！

♥細めのⅠラインシルエットで
　ほっそり見せ！

♥個性的な柄やモチーフの
　アイテムを効果的にとり入れよう！

クールストリート この**10アイテム**を着まわし！

Ａ オフショルＴ

肩のところが切りとられたような、ちょっぴりセクシーなＴシャツ。

Ｂ オルテガ柄Ｔ

ボヘミアン風になれる、オルテガ柄Ｔシャツ。個性派に決まるよ！

Ｃ ミリシャツ

胸もとのワッペンがおしゃれなミリタリーシャツだよ。

Ｄ 半そでパーカ

グレーのパーカ。ひもとすその黒でカッコいい印象だね！

Ｅ ワンピース

ノースリーブワンピース。濃いめの青に、白のロゴがクール！

Ｆ シャツワンピース

太めのモノトーンストライプが特徴の、シャツワンピース。

Ｇ オールインワン

むらさき色のオールインワン。これひとつでコーデが完成するよ！

Ｈ ショートパンツ

シンプルな白のショートパンツ。コーデのバランスをとれるよ！

Ｉ 柄スカート

ヤシの木柄のプリントスカート。1枚で夏っぽくなれるよ！

Ｊ スキニーパンツ

カーキ色のスキニーパンツ。濃めの色でコーデをクールに決めて！

ショートブーツ
ブーツで大人っぽく。短めだから暑るしくない！

チョーカー
首もとにアクセを足してセクシーに決めちゃおうっ！

小物はコレがマッチ！

73

うーん…

1 Day

「ワン！」
ある朝、いつものように
ポチの鳴き声で目が覚め
たエマでしたが……。

ご主人サマ
おはよ〜！

…えっ!?

A ＋ H
クリーム×白色の
やさしい雰囲気の
組み合わせ。ほっ
こりかわいい！

目の前にいたのは、ポチではなく、
ポチによく似た女の子！
目を丸くするエマに、女の子はにっ
こり笑いかけました。

だれって…
ポチだよ〜

ポチって、ポチ!?
なんで人間なの…!?

B＋G

Tシャツの青ライ
ンとショーパンの
色みを合わせるの
がポイント。

B＋J

ハデなオルテガ柄
Tを、カーキパン
ツで大人っぽくま
とめたよ。

SUMMER
MARINE

混乱しつつも、遅刻ギリギリだ
ったエマは学校へ。大慌てのエ
マを、クラス委員のナナセが見
かけました。

朝から
元気ねー

同じクラスの
エマちゃん?

翌日（よくじつ）——。あまりのことに知恵熱（ちえねつ）を出（だ）して学校（がっこう）を休（やす）んでしまったエマ。お母（かあ）さんにどうしたらいいか相談（そうだん）するけれど……。

なんでそんなのん気（き）なの？ポチが人間（にんげん）になったんだよ！？

そうねぇ…あなたの妹（いもうと）として暮（く）らせばいいんじゃない？

ご主人（しゅじん）サマお散歩（さんぽ）行（い）こうよ～

なんで犬（いぬ）が人間（にんげん）になるの～！？

ふつうに受（う）け入（い）れてしまうお母（かあ）さんにびっくりするエマ。頭（あたま）を抱（かか）えていると、チャイムが鳴（な）りました。

プリントを届（とど）けに…

あ、ありが…

だあれ？

D＋J
ライトブルー×白（しろ）のさわやかなコーデ。すそのシフォンがポイントに。

C＋G
ワンピの上（うえ）にキャミを着（き）たのがポイント。おしゃれ上級（じょうきゅう）テクだよ。

C＋E
ノースリワンピにミリシャツをはおって、コーデをカジュアルダウン！

チャイムを鳴（な）らしたのは、クラス委員（いいん）のナナセでした。ナナセはエマの後（うし）ろにいたポチを見（み）て、目（め）を丸（まる）くします。

えっ耳（みみ）としっぽ!?

エマが教室に
着いたとたん……。

あっ、
エマちゃん！

昨日のあの子って
なに？ コスプレ!?

あ
！
…

お留守番中のポチ

D＋J
ハデなクレリック
シャツに柄ショー
パンを合わせて、
ポップに！

A＋I
オフショルT×ヤ
シの木柄スカート
で、カッコよく決
めちゃおう！

E
水兵風のさわやか
なワンピースを、
サラッと1枚で着
こなしたよ♪

ナナセが声をかけてきま
した。案の定、ポチが気
になっているみたい。

78

4 Day

おかえりなさーい！

ただいまポチ　同じクラスのナナセだよ〜

B＋G
オールインワンにオルテガ柄Tを合わせたちょっぴり上級コーデだよ♪

C＋H
シャツ×スカパンのさわやかコーデには、短めソックスが相性◎。

A＋F
ワンピースにTシャツをIN！クリーム色と水色は相性ばつぐん★

「あの子に会わせて！」

そうたのみこまれたエマは、ナナセを連れて家に帰りました。
もともと犬好きのナナセは、ポチのかわいさにメロメロに♥

か…かわいい！

「ポチちゃんに会いたい！」
そんなナナセを加えて、放課後のお散歩へGO！
リードをつけない代わりに、エマはポチと腕を組んで歩きます。

あのねっ、ポチはご主人サマが大好きなの！

ずーっといっしょだったもんね♪

D＋H
パーカの前をしめてトップス風に。モノトーンでまとめたよ★

B＋I
サスをトップス中に入れたのがポイント。フリルとリボンがガーリー♥

D＋F
ワンピースの上にゆるTをON。ティアードワンピ風に着こなしたよ。

Day 6

放課後の散歩中、女の子が泣いているのを発見します。理由を聞くと、女の子は言いました。

「大切な帽子を落としちゃったの」

こっちからにおいがするよ！

くんくん

F
シャツワンピをサラッと1枚で。黒のブーツで大人っぽさをプッシュ！

B＋I
サロペの中にTシャツを着たよ。水色×青×黄色でポップな印象に！

E＋H
ノースリT×白ショーパンで手足をすっきり出し、夏っぽく！

ポチは、自慢の鼻でにおいをかぎ分け、すぐに帽子を見つけました！
女の子は大喜びです!!

ありがとう！お母さんにもらった大事なものなの！

81

昨日のことを思い出し、なにかを
考えるようすのエマ。

うーむ…

**学年イチ頭がいい
ナナセ**

C＋I

トップスもスカー
トも緑で統一。シ
ャツのボタンはき
っちり閉めて!

鼻と耳がいいポチ

D＋F

ワンピースにシャ
ツをはおったよ。
シャツのすそを結
んでアクセントに。

A＋G

トリコカラーをプッ
シュした、王道
マリンコーデ。ソ
ックスは短めに。

(ふたりがいれば……あこがれの探
偵になれちゃうかも!?)
エマは、エマ、ポチ、ナナセの3人
の頭文字をとって「エポナ探偵団」を
つくることを思いつきます!

明日相談
しよーっと!

エポナ探偵団結成の計画をふたりに話すエマ。
ナナセは、あまり興味がなさそうですが……。

A＋J
さわやかTシャツ
を、渋めのカーキ
パンツでクールに
着こなしたよ。

C＋J
同柄、同色のキャ
ミ×ショーパンで、
おしゃれなセット
アップコーデに。

C＋J
さわやかな白がち
コーデだよ。すっ
きり着てIライン
をつくって♪

うーん…探偵ねぇ

ご主人サマが大好きなポチは、
もちろんＯＫ！　すると、渋っていた
ナナセも、「ポチが言うなら」と
了承してくれました。

し、仕方
ないわね…

さっそく、エポナ探偵団の活動をスタート！お散歩しながら、困っている人がいないか探します。

ご主人サマ 楽しそう♪

どこかに事件はないかな〜

E＋F
シャツワンピの前をすべて開ければ、アウターとして使えるよ！

A＋I
Tシャツ×サス付きスカート。サスがラフなコーデのアクセントに。

E＋H
セーラーワンピースにスカパンを合わせ、トップスとして着こなし！

エマは、近所に住むスズキさんを見つけ声をかけました。するとスズキさんは、眉を寄せて言います。

「それはゆるせないっ！　エポナ探偵団にまかせて!!」
エマはこぶしを突き上げて言いました。

10 Day

うーむ…

これ…だれかが
引っこ抜いてるみたい

D＋G
シフォンが、ガーリー度を底上げ。スリッポンで足もとはシンプルに！

B＋H
トップス＆ショーパンのフリルがマッチしてる！　白がさわやかだね♪

B＋H
ハデなオルテガ柄Tを、白で夏らしくさわやかにアレンジ！

犯人のにおい、あっちに向かってる！

調査を開始した３人。ナナセは、花が１種類しか抜かれていないのを見て、だれかが故意に抜きとっていると言います。続いて、ポチが鼻をくんくんさせて言いました。

86

今日はポチの鼻をたよりに、犯人を追いかけます。
「このにおい、どこかでかいだ気がする〜」
そう言いながらにおいを追うポチでしたが……。

夏
10日目／11日目

わたしもポチと手をつなぎたい…

クーン クーン

G
ワンピースをシンプルに１枚で着こなし。夏らしく足もともシンプルに。

F
ノースリワンピを、ポチと同じく１枚で。夏の暑い日にぴったりだね。

C＋G
オールインワンにミリシャツをＯＮ。ほどよくカジュアルダウンできる！

途中、病院の前で鼻をおさえてしまいました。

わぁ〜っ
お薬のにおいで鼻が曲がるーっ

病院…？

12 Day

がんばれ
ポチ！

ム〜リ〜
鼻おかしくなるっ

C + I
サロペにノースリ
シャツを合わせて、
さわやか＆ポップ
に決めたよ♪

D + I
大人っぽい半そで
パーカに、ハデな
ヤシの木柄スカー
トを合わせたよ♪

E + I
ノースリーブにサ
ス付きスカートを
ON。夏らしいす
ずしげなコーデ。

病院に向かい、再チャレンジするエ
ポナ探偵団でしたが、ポチは今日も
つらそう……。その横で、ナナセは
1枚の写真を見ていました。
「ナナセ、それなんの写真？」

スズキさんにお借りした荒らされる前の花だんの写真よ

「見くらべてみると、なぜかガーベラばかりが抜かれているみたいなの」ナナセはそう続けます。

ガーベラ？

ガーベラの花言葉は「希望」よ

エマが聞き返すと、ナナセはていねいに答えてくれました。
「ガーベラは、花束やフラワーアレンジメントでもよく使われる花よ。赤やオレンジ、黄色、ほかにもたくさんの色があるわ」

え、えへっ

「ナナセちゃん、すごーいっ！」
そんなナナセに、ポチがキラキラとしたまなざしを向けます。

13 Day

今日も調査の続き！
ところが、病院に行く途中、
ポチが声をあげました。

くん…

あっ!!

えっ
ホント!?

ポチ
すごい鼻ねー

あっちから
犯人の
においがする！

B＋E
ワンピースの上に
Tシャツを着れば
ワンピがスカート
に変身するよ！

A＋J
トリコカラーのトッ
プスに、白のパン
ツを合わせてさ
わやか度120％！

B＋F
ワンピースにオフ
ショルTをON。
ワンピをスカート
風に着こなそ♪

ポチが向かったのは以前にも立ち寄った公園。そこには、前に出会った女の子がいました。
「花だんに残ってたの、あの子のにおいだよ」

花だんのお花をとった人を探してるの…なにか知らないかな？

おどろくエマとナナセでしたが、そっと女の子に近づきます。
そして、意を決して花についてたずねると……。

ごめんなさいっ
アタシがとったの…

女の子は泣きだしてしまいました。

91

14 Day

ナナセは昨日の女の子がどうして花を抜きとったのかを考えていました。なにか理由があるような気がしたのです。

ガーベラ…「希望」と病院か

エマ、わたしあの子がお花をとった理由がわかったかも

えーっ!?すごい、どうして?

──そして放課後。

ワーイ!お散歩行こーっ

「答えは、もう一度あの公園で言うわ」

ナナセは、エマ、ポチとともに、放課後また公園に行くことを決めます。

公園に行く途中、ナナセが「理由」を語りました。
「あの子、いつも病院の近くの公園にいるでしょ？
もしかすると、帽子をくれたっていうお母さんが入
院しているんじゃないかな」

ガーベラは
お見舞いのために
とっちゃったのかも

A＋F＋H
シャツワンピをアウターにすれば、シンプルなコーデがおしゃれに！

B＋H＋E
いかりモチーフのTシャツにスカパンを合わせて王道マリンに！

A＋C＋H
Tシャツにキャミを重ねた、ちょっぴり上級向けレイヤードコーデ♪

女の子は、今日も公園にいました。ナナセが推理を話すと、女の子は涙目になって、こくりとうなずきました。

お母さんに
あげたかったの
…ごめんなさい

翌日、3人は「あやまりたい」という女の子と
いっしょに、スズキさんの家に行きました。

がんばって、
大丈夫だよ

G
オールインワンを
シンプルに1枚で
着こなし。肩を出
すとすずしげ♪

理由を話してあやまると、スズキ
さんはにっこり笑いました。
「ちょっと待っていてちょうだい」

にこっ

そして、色とりどりのガーベラを包んで持ってきてくれたのです！

「おばちゃんから、お母さんにお見舞いよ」

わぁー
きれいだねっ

D＋G
シャツを上から着て、ボタンをしめれば、ワンピースがスカートに！

D＋I
サロペの上にゆるTをON！ トップス×ショーパン風に着こなし。

ありがとう
ございますっ！

女の子の笑顔を見て、3人はほっと息をつきました。

「エポナ探偵団、大活躍っ」

大喜びのエマに、ナナセが返します。

「まあ、エマはなにもしてないけどね」

学校で、エマとナナセはお留守番中の
ポチの話をしていました。

やだーっ！
ポチも学校行くっ

E＋F
ノースリをワンピ
にＯＮ！　ピンク
×水色はキュート
な組み合わせ♥

C＋J
シャツ×パンツの
ＡＬＬ緑コーデ。
サッシュベルトで
ウエストマーク！

A＋F
ワンピースの上に
セーラーTをはお
ったよ。ワンピが柄
スカートに変身！

エマ、ナナセ！
たのみたいことが
あるんだけど…

そのとき、同じクラスのカエ
デが声をかけてきました。
カエデはスズキさんと知り合
いで、探偵団の話を聞いて依
頼をしたいのだとか。
「体育倉庫に出るユーレイの
ナゾを解いてほしいんだ」

今日の放課後も、3人でお散歩に行きます。
話は、カエデからの依頼のことに……。

カエデの依頼、おもしろそうだし受けるよね!?

わたしはパス ユーレイなんて絶対いないしっ

夏 16日目／17日目

D＋E
ワンピースをパーカでカジュアルダウン。このゆるさがツボ♥

C＋G
ノースリシャツ×デニムショーパンのさわやか＆カジュコーデ。

C＋H
柄キャミに白のショーパンをセット。ポップだけど女の子っぽい♥

えーっ!!

ナナセちゃんいっしょじゃないの…？

一度は断るナナセでしたが、ポチのさびしそうな顔に決意がゆれます。

「も、もちろんいっしょよ！」

18 Day (デイ)

じゃあポチにも説明（せつめい）するね

B＋G
ワンピースにオフショルTをＯＮ（オン）！濃度（のうど）のちがうピンクがおしゃれ♪

B＋J
イエロー×白（しろ）のさわやかなコーデ。ラフだけど夏（なつ）っぽくてＧＯＯＤ（グッド）！

A＋H
夏（なつ）っぽいさわやかなコーデ。肩（かた）チラでほんのりセクシーにキメッ！

カエデから話（はなし）を聞（き）いていないポチのために、依頼内容（いらいないよう）をおさらいしないと！
どことなくテンションが低（ひく）いナナセに代（か）わって、エマが「ユーレイ事件（じけん）」について話（はな）しはじめます。

ええと、カエデはバスケクラブなんだけど…

「バスケクラブは、練習が終わったあとに体育倉庫を片づけて、鍵をかける決まりがあるんだって。鍵はひとつしかないんだけど、次の日学校に行くと……」

夏 18日目

「倉庫がぐちゃぐちゃになっているんだって！一度、先生が夜見張ってみたけど、倉庫の中にはだれも入って行かなかったみたい。それで、ユーレイの仕業じゃないかって言われてるらしいの」

ユーレイの正体を突き止めるのが依頼だよ♪

わかったーっポチがんばる〜

ユ…ユーレイなんているわけないわよ

学校がはじまる前、3人はカエデの協力のもと
体育倉庫に来ていました。

えっ！こんなに…!?

くんくん

ひっ

E＋I
ワンピースをインナーにチェンジ。えりやリボンは外に出すと◎！

A＋J
クリーム色のTシャツを、あざやかな水色でピッと引きしめたよ♪

B＋I
柄×柄の上級コーデ。シンプルに着こなせばごちゃつかないよ！

びっくり！　倉庫の中は、ものが引っくり返されてぐちゃぐちゃです。
カエデは、困ったようにため息をつきました。
「毎朝この状態なんだ。だから、ほかの部屋を物置きにしてるんだけどさ」

体育館から遠くてめんどうなんだよな

よしっ

放課後、ポチと合流し、3人は
再び体育倉庫にやって来ました。

ここにセットすれば
倉庫全体が写るはず！

うぅ…
怖いよ～

A＋D＋G
セーラーTを、ゆ
るTのインナーに。
えりを出すと、雰
囲気が変わる！

D＋F
ワンピにシャツを
ONしてスカート
風にし、7日目と
イメチェン！

F＋G
オールインワンに、
シャツワンピをサ
ッとはおれば、ス
タイルUP！

エマは、家にあった使っていないス
マートフォンのムービーを起動し、
体育倉庫にセットしました。夜のよ
うすを録画することにしたのです。

朝一で映像をチェックすると——。
そこには、ひとりでに物が動き、ぐちゃ
ぐちゃになっていくようすが……！

C＋F
ワンピースの上に
ブラウスをサッと
はおったよ。カジ
ュポップにキメ！

C＋I
サスはとり外して、
夏っぽくすっきり
着こなすのが正解
だよ！

C＋E
2日目と同じ組み
合わせ。ミリシャ
ツをトップスにし
て印象チェンジ。

女の人の泣き声が
聞こえる…？

真っ青になるエマとナナセ。
一方ポチは、画面を食い入る
ように見つめます。
そして、耳をぴくぴくと動か
し、ほかのふたりには聞こえ
ない"声"を聞いていました。

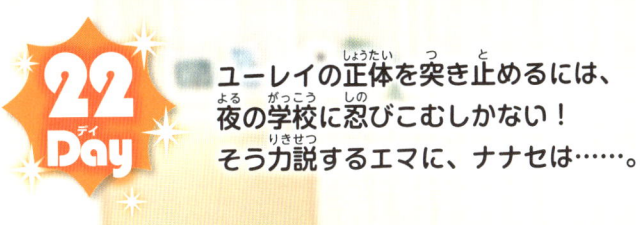

22 Day

ユーレイの正体を突き止めるには、
夜の学校に忍びこむしかない！
そう力説するエマに、ナナセは……。

3人で行けば
怖くないよ！

絶対にいやっ

えぇー
ナナセちゃん、
いっしょがいいよう

E＋J
スキニーパンツを
ワンピースと合わ
せたよ。白がちが
イマドキだね！

A＋D＋I
グレーのパーカで、
コーデをカジュア
ルにシフト！ こ
なれ感を演出♪

A＋E＋H
ノースリーブをT
シャツの上から着
て、レイヤード風
に着こなしたよ。

すごい勢いで拒絶するナナセでしたが、
ポチのうるうるした目を見て、ついに
折れます。
「わ、わかった！
行くわよ、もうっ!!」
ナナセは、ポチのお願
いを断れないのでした。

103

23 Day

さて、潜入を決めた3人ですが、
鍵がなければ学校には入れません。

どうすれば鍵を
手に入れられるの
かなぁ〜？

えっ？先生に借りれば
いいじゃない

E＋H
ワンピースは、ショーパンにINすればトップスに変身しちゃう♪

A＋I
セーラーTをサロペのインナーに。えりはしっかり見せるとGOOD！

B＋J
オフショルに柄ショーパンをセット。肩は見せずに着こなそう♪

「ムリだよ！ 生徒に貸して
くれるわけないもん」
そう言って首を振るエマに、
ナナセは笑いかけました。
「フフン。まっかせなさいっ」

24 Day

休み時間。エマのもとにやって来たナナセは、ドヤ顔で机の上に鍵を置きました。

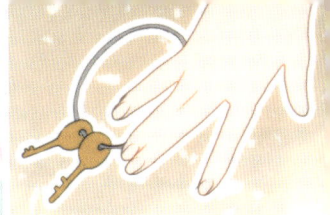

えぇっ!? これ 校舎の鍵？

わたしくらい優等生だと先生も心おきなく貸してくれるのよ♪

B＋C＋I
柄×柄は、ミリシャツをはおるととまる！ えりがきちんと感も演出♪

お留守番するポチ

ぷーっ

B＋F
TシャツをワンピにON！ いかりモチーフとヨット柄は好相性★

F
お留守番の日は、ワンピースを1枚でラフに着こなしちゃおう！

105

調査スタートだよ〜!!

いよいよ夜の体育倉庫に潜入！
ナナセがゲットした鍵で体育館に向かいます。

倉庫の鍵はカエデに借りたよ！

そして、おそるおそる体育倉庫のドアを開けると……。
そこにいたのは、
なんと女性のユーレイ!!!!!

ユ、ユーレイ!!
あわわわわっ

くらっ

わあっ！
ナナセちゃーんっ!!

夏 25日目

D＋E
ゆるTをワンピースの上から着たよ。えりとリボンは外に出してね♪

D＋J
パーカをトップス風に！ パンツのすそを折ればこなれ感をゲット♪

E＋J
ピンクと水色のキュートな組み合わせ♥ 肌を見せた夏らしいコーデ！

パニックのエマに、ショックで気絶寸前のナナセ。
ナナセを支えながら、ポチはユーレイの顔を見ました。
「……泣いてる？」

107

「もう一度ユーレイさんに会いたい！」
ポチの言葉を聞いたエマは、いやがるナナセを引っぱって体育倉庫に向かいます。

ナナセ、ほら！

いーやーだーっ!!

E
ノースリワンピを
1枚でラフに着こ
なし。Iラインは
細見せできて◎。

B＋C＋I
Tシャツ×サロペ
に、ノースリシャ
ツをはおってアク
セントをプラス！

あっ！

ようやくたどりついた体育倉庫。
鍵を開けると、昨日と同じく
涙を流すユーレイがいました。

ユーレイさん
どうしたの？
なにか悲しい
ことがあったの
??

ポチはユーレイに話し
かけました。
人間よりも感覚がする
どいポチには、ユーレイ
の言葉が聞こえてい
たのです。
「あなた……わたしの
声が聞こえるの？」

ポチが
ユーレイと
しゃべってる!?

D＋G
はなやかな柄コー
デ。シャツは前を
あけて15日目と
イメチェン。

ユーレイは、悲しそうな顔の
まま、重い口を開きました。
「大切な人の写真を、ずうっ
と探しているの」
ユーレイは、ポロポロと涙を
こぼします。

毎日探してるのに
見つからないの…

ポチは今日も、ユーレイに会いたいと言います。
体育倉庫に向かう途中、ポチが不思議な気配を察知しました。
ポチについて行くと、校舎の非常階段に、今度は男性のユーレイが！

A＋F
ノースリワンピにセーラーTをＩＮ。16日目と印象を変えたよ♪

A＋C＋I
キャミ×Tシャツをレイヤード風に着て、サス付きスカートをセット。

A＋G
オールインワンと肩チラTは意外にも好相性！　大人っぽく決まるよ♪

「ボクは彼女を助けられなかった……」
ポチは、今度は男性の言葉をふたりに伝えます。
（助けられなかった？　どういうことだろう……）
ナナセは、その言葉に疑問をもちました。

28 Day

3人はナナセの提案で大きな図書館に出かけました。ナナセは、古い新聞の束からある記事を探し出します。その記事には、50年前に学校で起きた火事のことが書かれていました。

火事で亡くなったのは男性と女性がひとりずつ…

F＋H
ワンピースにティアードショーパンを合わせて、トップス風に着こなし。

D＋J
2日目と同じ組み合わせだけど、トップスをINしてイメチェン！

B＋F＋I
柄×柄×柄だけど、はおりものがモノトーンなら着こなしやすいよ！

学校火災

「ふたりは、体育倉庫で待ち合わせをしていた。そこで、ユウコさんが火事に巻きこまれたんだ。助けに行こうとしたケンジさんも、途中で亡くなってしまったみたい」
この男女こそ、ふたりのユーレイの正体だったのです。写真はきっと、火事で焼けてしまったのでしょう。

3人は、再び夜の学校へ向かいました。
そして、まずは男性のユーレイ……ケンジさんの
ところに立ち寄り、声をかけます。

ケンジさんを
待っている人がいるの
いっしょに行こ？

C＋D＋J
キャミ×ショーパンのセットアップコーデに、柄シャツをON！

E＋G
セーラーワンピをショーパンにIN
して、トップスとして着こなし！

D＋G
大人っぽいオールインワンを、パーカでほどよくカジュアルダウン。

ユウコさんが、ずっと体育倉庫で待って
いることを伝えると、ケンジさんは目を
見開きました。
「そんな……50年、ずっと？」
そして、ポチに頭を下げました。

連れて行ってください

体育倉庫でふたりのユーレイは手をとり合って再会を喜びました。

「あなた、いつも遅刻するんだから」

ユウコさんは、笑顔で言いました。

そして、3人にも笑いかけます。

「ありがとう。もうさびしくないわ」

夏 29日目

ふたりは光に包まれて、消えてしまいました。

「天国に行ったのかな？」

ぽつりとつぶやいたエマに、ナナセが笑いかけます。

「うん。ふたりはこれから、ずっといっしょだよね」

奇跡みたいな夜の翌日――。
今日は休日。朝の散歩がてら、3人は休みの日も
練習をしているバスケクラブに顔を出しました。

B＋F
13日目と同じ組み合わせだけど、オフショルTをインナーにしたよ。

A＋I
セーラーTをサロペの上から着たよ。23日目と印象がちがうね♪

E＋J
ワンピースにスキニーパンツを合わせて、カラーレギンス風に！

3人に気づいたカエデが、笑顔で声をかけてきました。

「体育倉庫、今朝はきれいなままだったんだ。エマたちが解決してくれたのか？」

「ふっふっふっ。もっちろん！」

エマはカエデにニヤリと笑い返します。

エポナ探偵団はどんな事件も解決しちゃうんだから!!

基本のヘアアレテクをレクチャー！

おしゃれ度をアップしたいなら、髪型にもこだわりたいところ。
まずは５つの基本アレンジのやり方を解説するよ★

５つの基本テクをマスターしよう

ほとんどのヘアアレンジは、①ピンどめ、②結ぶ、③くるりんぱ、④みつあみ、⑤あみこみの５つを覚えれば、つくれちゃうよ。練習すればかならず上達するからくり返し挑戦しよう★まずは、ヘアアレに必要な基本アイテムを準備することからスタート！

ヘアアレで使う基本アイテム

ヘアゴム

髪を結ぶゴムのこと。シンプルなものはもちろん、かざり付きのものも用意すると◎。

ヘアピン

髪をおさえるピンのこと。アメリカピンやＵピン、パッチンピンなど、種類はいろいろ！

ダッカール

あとで結ぶ髪を仮どめするときなどに使うよ。「ヘアクリップ」と呼ばれることも！

ブラシ、コーム

髪の流れを整えたり、髪をまとめたりするときに使うよ。どちらも準備すると◎！

ピンどめ

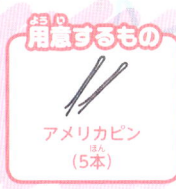

アメリカピン（5本）

ヘアピンで髪をおさえるだけで完成する、かんたんアレンジ！　カラフルなピンを用意するとおしゃれ♥

スタート

1 ピンを奥から手前にさそう

5本のピンで星の形をつくるアレンジだよ。最初に髪を耳にかけ、1本目のピンを奥から手前に向かってさそう。

2 2本目〜4本目をさしていこう

きれいな星の形をイメージしながら、1本目のピンとつながるように2本目をさすよ。3〜4本目も同じように。

できあがり

3 5本目をさして完成！

5本目のピンをさして、形を整えたら完成！　髪が浮かないようにおさえながらピンをさすのがポイントだよ。

1分でつくれちゃうかんたんかわいいアレンジ♥

結ぶ

ヘアゴム
（1個）

結ぶテクニックは、ほとんどのヘアアレに登場するよ。
ゆるまないように、きっちり結べるようになろう！

スタート

❤①　髪を後頭部で
まとめよう

あごを上げながら、髪全体を後頭部で
まとめるよ。髪がこぼれてしまう場合
は、ブラシを使うとGOOD！

❤②　ゴムで
しっかり結ぼう

毛束をヘアゴムで結ぶよ。ゆるまない
ように注意しながら結ぼう。さらに、
かざりゴムで結ぶとかわいさUP！

できあがり

❤③　逆毛を立てて
ふわふわに❤

毛先を片手で持ち、もう片方の手で毛
先から根もとに向かってコームを入れ、
ふわふわの逆毛を立てよう！

元気い〜っぱい！
王道ポニーテール☆

こって見えるけどかんたん！　くるっと回してキュートに仕上がる、くるりんぱテクをマスターしよう★

スタート

1 髪を耳下でまとめよう

髪全体を片サイドに集め、耳の下あたりでひとつにまとめて結ぶよ。このとき、きっちり結びすぎないのがコツ。

2 毛束をくるりんぱ！

1の結び目の上に片手の指で穴を開け、毛束を外側から内側に向かって通そう。これが「くるりんぱ」だよ♥

できあがり

3 毛束を引っぱって整えて

毛束をふたつに分けて両手で持ったら、左右から**2**の穴のすき間が見えなくなるまでギュッと引っぱろう！

くるっと回してハイ、大人っぽいアレンジ！　完成★

119

みつあみは、ガーリーなアレンジではマストなテクニックだよ。ていねいにあんでいこう！

スタート

1 毛束を3つに分けよう

髪全体をふたつに分けるよ。先にあむほうの髪を、さらに3つの束に均等に分けて持ってね。

2 みつあみをしていこう！

いちばん外側の ① の毛束を、② の下から真ん中へ。次に、内側の ③ の毛束を、① の下から真ん中へ移動してね。

できあがり

王道ガーリーになれる「おさげ」が完成♥

3 毛先まであんでゴムで結ぼう！

外側→内側→外側……と交互に真ん中へ移動させ、毛先まであんだらゴムで結ぼう。反対側も同じように！

120

あみこみ

あみこみは、ヘアアレンジの上級テク。難しいかもしれないけど、くり返し練習してぜひマスターしよう！

スタート

1 トップをセンターで分けよう

トップの髪をセンターで分け、片側の表面の毛を3つの束に分けよう。最初に1回みつあみするとやりやすいよ。

2 下の毛束と合わせてあもう

内側の毛束 1 の下にある毛束 4 を少量すくい、1 と合わせ、中央の毛束 3 に重ねて真ん中へもってこよう。

できあがり

3 左右交互にあんでいこう

毛束 2 を下にある 5 と合わせて真ん中へ。左右交互に 2 〜 3 をくり返し、耳上まであんでピンでとめよう。反対側も同じように。

耳上のあみこみがポイント！上級アレでおしゃガールに♡

秋の物語

ナイショの魔法レッスン！

人物相関図

魔法の授業、ユーウツだな

姉妹　幼なじみ

コマリ

イチカの妹。魔法が得意で学校のエース！

イチカ

コマリの姉。魔法を使うのは苦手……。

サナ

イチカ、コマリの幼なじみ。魔法の成績は上位！

イチカは、魔法学校の６年生。「天才」と言われる妹のコマリとはちがい、魔法がうまく使えない落ちこぼれで、なにかとコマリと比較されてしまう。魔法をうまく使うために、幼なじみのサナと特訓をするけれど……。

ふたりでいっしょに
世界でいちばんの
魔法使いになろうね

はぁ…

どうしたの、イチカ
ため息なんかついて

今朝小さいころの
夢を見ちゃって

自信がもてないお姉ちゃん
イチカ

わたしはコマリとはちがうから……

魔法学校6年生。大人しくて控えめな性格。勉強は得意だけど、魔力をうまく使いこなせず、実践がイマイチ。優秀な妹のコマリのことが大好きだけど、最近顔を合わせづらい。

スタイルは
レトロガーリー

フリルやリボンがキュートな女の子っぽいガーリーなスタイルを、秋らしくレトロにアレンジ。どこかなつかしい雰囲気のコーデだよ。

コーデのPOINT

- ♥ベージュやブラウンなど　ナチュラルカラーを投入！
- ♥リボンモチーフがイチオシ！
- ♥柄ワンピもおすすめだよ♪

レトロガーリー この10アイテムを着まわし!

A ミドルネックT

首まわりに沿うように高くなっているミドルネックのカットソー。

B ドットブラウス

小さな水玉がガーリーなドットブラウス。大きなリボンが特徴的。

C スウェット

ロゴがキュートなベージュのスウェット。肩のリボンがおしゃれ!

D えり付きT

大きなえりと、黒のリボンが特徴のえり付きカットソーだよ。

E カーディガン

白×クリームベージュのカーディガン。1枚できちんと感UP!

F ワンピース

シンプルなシルエットのワンピース。タイトなシルエが大人っぽい。

G ドッキングワンピース

トップス部分とスカート部分が異なる柄のワンピースだよ。

H スカーチョ

パッと見スカートに見える、ゆったりシルエットのパンツだよ。

I ラップスカート

大人ガーリーに決まる、短め丈の巻きスカートでレトロさ急上昇!

J サス付きスカート

タータンチェック柄のサス付きスカート。サスはとり外せるよ。

カチューシャ
ガーリー度UPアイテム。きちんと感もゲットできるよ♪

パンプス
光沢のあるエナメルパンプスは、レトロな印象になれるよ★

小物はコレがマッチ!

魔法学校5年生。「10年にひとりの天才」と呼ばれる、魔法学校のエース。夢は、姉のイチカといっしょに世界一の魔法使いになること！ イチカが大好きだけど、最近自分の前で無理をして見えるのが悩み……。

お姉ちゃんといっしょに魔法発表会に出たいなっ♪

スタイルは

チアポップ

カラフルでポップなコーデに、「チアガール」みたいなはなやかさとスポっぽさを投入したスタイル。キーカラーはオレンジや黄色だよ♪

コーデのPOINT

♥ 「ライン」が入ったアイテムでチアガール風に♪

♥ オレンジや黄色のアイテムで元気のよさを演出！

♥ ナンバーロゴなど、スポっぽいモチーフを投入！

秋 登場人物

A ラグランT

オレンジの切り替えしと英字のロゴがキュートなラグランTだよ。

B スウェット

首に沿って高くなっている、ミドルネックのスウェットT。

C シャツ

えりやそで口など、一部が赤色のカジュポップなシャツだよ。

D ナンバーT

ゆったりシルエットのナンバーTシャツ。ラインがスポっぽい！

E 柄パーカ

ポップなオレンジ×イエローパーカ。**I**のショーパンと同じ柄だよ。

F スウェットワンピース

ロゴがおしゃれなスウェットワンピース。着まわしやすいグレー！

G デニムワンピース

どんなコーデにも合うデニムワンピ。ふちのステッチがかわいい♥

H ティアードスカート

すそが2段になったスカート。青＆オレンジのラインがポイント。

I 柄ショートパンツ

オレンジ×イエローのスウェットショーパン。**E**のパーカと同じ柄！

J ラインスカート

テニスのスカートみたいな、白のプリーツスカート！

ポンポンアクセ
ヘアアクセは、ポップなポンポンヘアゴムがおすすめ！

ムートンブーツ
モコモコなムートンブーツでコーデを秋っぽくシフトしよ♪

小物はコレがマッチ！

サナ

コマリはイチカといっしょに夢を叶えたいんだよ

魔法学校6年生。イチカとは同い年で、いちばんの友だち。幼いころからイチカ&コマリとは仲がよく、ふたりのよき理解者でもある。魔法は学年でも上位5人に入るうで前で、よくイチカの練習に付き合っている。

スタイルは

大人カジュアル

モノトーンやキャメルカラーを中心に、大人っぽくまとめたコーデ。さらに、デニムなどのカジュアルなアイテムをMIXしたスタイルだよ。

コーデのPOINT

♥ モノトーンに、
　むらさきやキャメルをMIX！

♥ シルエットはタイトめにして
　スタイルUPを目指そう！

♥ 柄や強めの色は小物などで
　控えめに投入！

大人カジュアル この10アイテムを着まわし!

秋 登場人物

A ブラウス

フロントのフリルがキュートな大人っぽいブラウスだよ。

B ハイネックT

大人っぽいハイネックT。控えめなハートが大人かわいい♥

C ロゴカットソー

英字のロゴが入った、着まわしやすいグレーのカットソー。

D ニット

大人っぽいむらさき色のニット。肩を出すようにして着てもOK!

E ロングカーディガン

白のロングカーディガン。リボン型のポケットがキュート!

F デニムワンピース

デニム生地のシャツワンピース。リボンで腰にマークできる!

G 柄ワンピース

ダルメシアン柄の、大人っぽいモノトーンワンピースだよ。

H ミニスカート

秋らしいキャメル色ミニスカート。シンプルな形で着まわしやすい。

I ハイウエストショートパンツ

ハイウエストは、脚長効果ばつぐん!黒だから着まわし力◎。

J スキニーパンツ

デニムのスキニーパンツ。大人カジュアルの必須アイテムだよ!

スヌード

首にサッと巻くだけで、コーデが秋らしくなるよ♪

ロングブーツ

大人っぽさUPのロングブーツ。細見せがかなう!

小物はコレがマッチ!

1 Day

今日は笑顔の魔法の授業。

ドキドキ

杖を相手に向けて呪文を唱える…っと

イチカ こっちはOKだよ！

C + H
ベージュ×モスグリーンは相性◎！秋らしい組み合わせだね♪

C + E + I
モノトーンのトップス×ボトムスに、ロングカーデをサッとはおったよ。

エガオニナーレ！

イチカは、サナとペアを組みます。そして、杖に力をこめ、呪文を唱えました。ところが……。

アハ…

アハハハハハハハハッ
く、苦しいっ
イチカ！　止めて〜!!

魔法は失敗し、サナは笑いが止まらなくなってしまいました！　イチカは、あわてて解除呪文をうまくかけられません。すると先生が……。

次は、庭の池の水をジュースに変えまーすっ

モドレ!!

なにをしているの！あなたの妹はあんなに優秀なのに…

B+J
明るいイエローにライン入りの白プリーツを合わせて、チアガール風に！

133

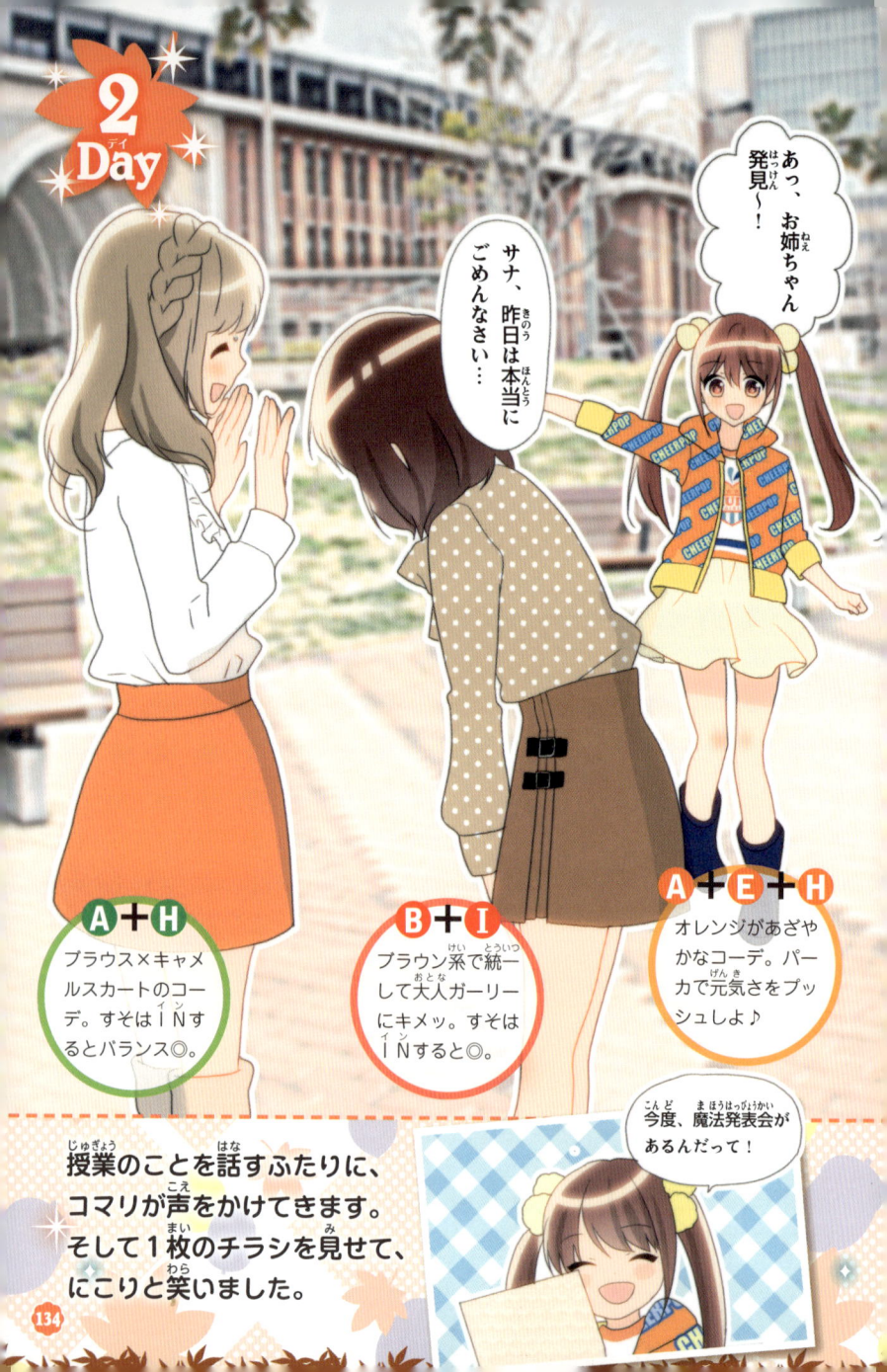

A＋H
ブラウス×キャメルスカートのコーデ。すそはＩＮするとバランス◎。

B＋I
ブラウン系で統一して大人ガーリーにキメッ。すそはＩＮすると◎。

A＋E＋H
オレンジがあざやかなコーデ。パーカで元気さをプッシュしよ♪

授業のことを話すふたりに、コマリが声をかけてきます。そして１枚のチラシを見せて、にこりと笑いました。

魔法発表会——。
それは、年に1回、ほかの魔法学校と合同で行われるとても大きなイベントです。
魔法界のえらい人たちも見にくる大事な行事で、選ばれた生徒は学校を代表して魔法をひろうできるチャンスを得られます。
大会に出られるのは、魔法力が高いたった5人の生徒だけ。

魔法発表会か…

楽しみだねっ♪

もちろん、落ちこぼれのイチカが出られる可能性はほとんどありません。しかし、コマリはニコニコ笑顔で言いました。

3 Day

上位5人か…サナは出られるんだろうな

あっ、お姉ちゃんとサナちゃんだー!

B＋G
ハイネックTは、えりまわりが広めのワンピースと相性ばつぐん!

D＋E＋J
赤×赤のはなやかな組み合わせを、カーディガンで着こなしやすく!

C＋G
デニムワンピースにシャツをIN。えりを出してアクセントにして。

ズキン

お姉ちゃん、いっしょに出られるといいねっ

わたしはきっと選ばれないよね…

魔法発表会のお知らせが、正式に貼り出されました。貼り紙を見ているイチカとサナのもとに、コマリがかけ寄ってきます。

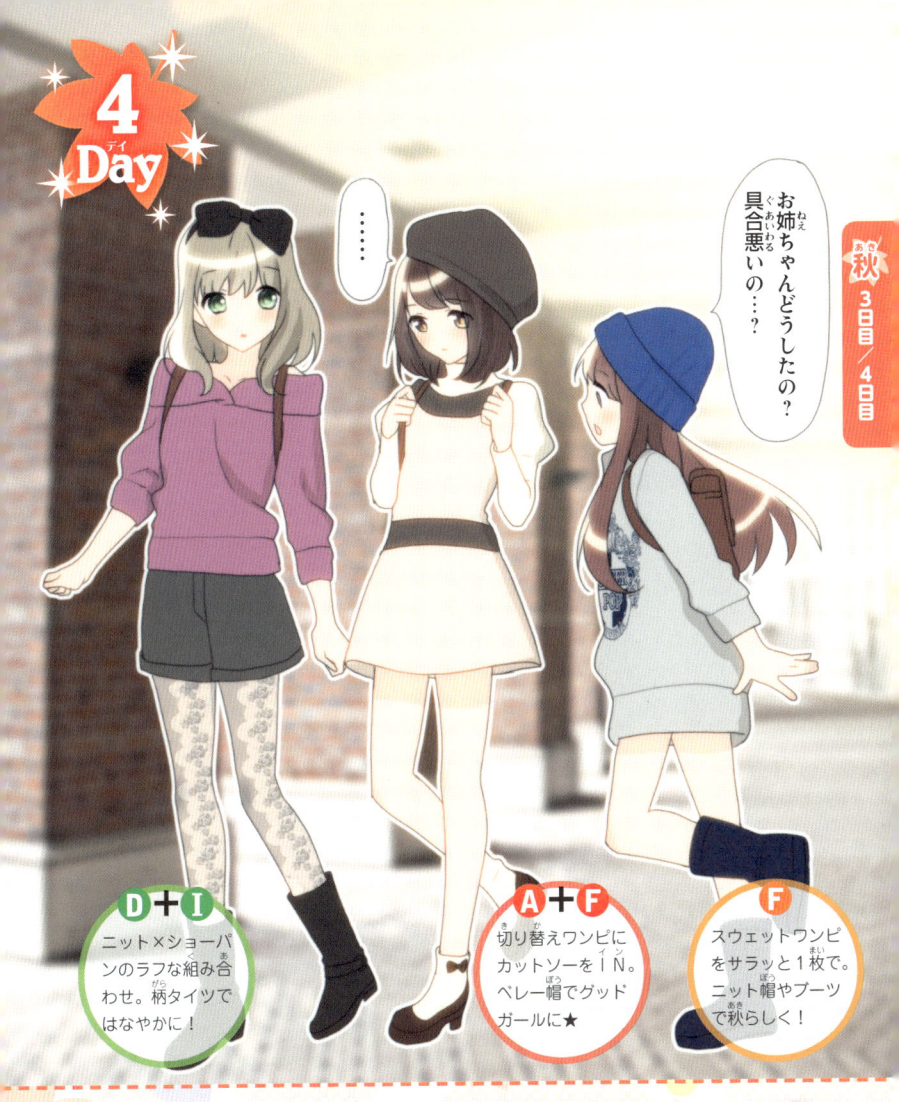

お姉ちゃんどうしたの？
具合悪いの……？

……

D＋I
ニット×ショーパンのラフな組み合わせ。柄タイツではなやかに！

A＋F
切り替えワンピにカットソーを1IN。ベレー帽でグッドガールに★

F
スウェットワンピをサラッと1枚で。ニット帽やブーツで秋らしく！

（コマリは、本気でわたしといっしょに出たいと思ってくれている。でも……）

わかっているのに、イチカはコマリの言葉にイライラしてしまいます。

（わたし、いやなお姉ちゃんだ……）

あら
コマリさん

コマリさんは本当に優秀ね～
それにくらべてあなたの
お姉さんは……

ろうかを歩くコマリに、
イチカの担任の先生が
声をかけてきました。
そして、イチカをけな
すようなことを言いは
じめます。
それを聞いたコマリは、
顔を曇らせました。そ
して……。

D + I

ゆる～いシルエッ
トのTシャツは、
ショーパンと合わ
せてラフに決めて。

先生は知らないかも
しれませんけど

「お姉ちゃんの魔力はあたしよりずっとすごいんですっ。そんなこと言わないでください！」
強い口調で反論するコマリに、先生はたじたじです。

…コマリ

A＋J
ブラウスにデニムスキニーを合わせたよ。ラフだけど大人っぽい★

G
ドッキングワンピは、1枚でコーデが決まるらくちんアイテム♪

通りがかりにそれを聞いたイチカとサナ。イチカは、コマリの言葉を聞いて、目を見開きました。
「わたしのこと、そんな風に思ってくれてたんだ……」

6 Day（デイ）

サナ　お願い（ねが）があるの

F
デニムワンピースを1枚（まい）で着（き）こなし。腰（こし）のリボンがポイントになってる！

D+I
はなやかな赤（あか）のトップスに、大人（おとな）っぽいラップスカートをセット！

昨日（きのう）のコマリの言葉（ことば）を聞（き）いて、イチカはある決意（けつい）をしました。コマリが本気（ほんき）でイチカをすごいと思（おも）っていてくれるなら、その期待（きたい）に応（こた）えたいと思（おも）ったのです。
「放課後（ほうかご）、特訓（とっくん）したいんだ。サナ、付（つ）き合（あ）ってもらえないかな？」
サナは、笑顔（えがお）でうなずきました。

もちろんだよ！

「だけど、コマリはいっしょじゃなくていいの？」

サナの言葉に、イチカは首を振りました。

コマリには知られたくないの…お姉ちゃんとしてカッコいいところを見せたいんだ！

ラグランTに白のスカートをセット。ポップだけど女の子っぽい！

…わかったがんばろ！

ありがとう！

サナは、まだ何か言いたげでしたが、イチカの気持ちを尊重してくれました。

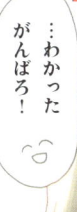

お姉ちゃん 帰ろ〜

B＋H
ガーリーなドットブラウスを、渋色スカーチョで大人っぽくシフト。

C＋J
シャツはスカートにＩＮ！ ソックスとスニーカーに色みをＯＮ。

C＋H
グレー×キャメルで秋らしさをプッシュ。首まわりにスヌードをＯＮ！

今日からいよいよ特訓スタート！ そうとは知らないコマリは、いっしょに帰ろうと声をかけてきました。しかしイチカは、首を横に振ります。

よてい、予定があるから先に帰って

8 Day

今日も特訓！ ニコニコ
とかけ寄ってきたコマリ
に、イチカはそっけない
態度です。

E＋I
同じ柄のパーカ×
ショーパンでセッ
トアップ風。上級
おしゃれだね♪

えーっ
今日もダメなのー？

しばらくはいっしょに
帰れないのっ

A＋J
タータンチェック
は秋らしさ満点♪
シンプルにカット
ソーと合わせて。

B＋E
ロングカーデをワ
ンピ風に。ニーハ
イソックスがバラ
ンスよし♪

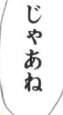

じゃあね

ぶーっ

特訓3日目。イチカは、サナのアドバイスもあって少しずつコツをつかんできました。
「いい感じだよ！」

B＋G
スウェットを、デニムワンピのインナーに。デニムは黄色と相性◎！

E＋F
ワンピースにカーデをON。前を閉じれば、ワンピがスカート風に！

D＋G
ワンピースの上からトップスを着たよ。スカートっぽく着こなせる！

がまんしなきゃっ！

そのようすを、コマリはこっそり見ていました。
（そっかぁ。お姉ちゃん、練習がんばってるんだ……）
自分に内緒、というのは少しさみしいけれど、がんばるお姉ちゃんの邪魔はしたくありません。

10 Day

お姉ちゃんを応援すると決めたコマリ。
朝の登校中、イチカに声をかけました。

えっ

ひとりで帰るから…
心配しないでねっ

秋 9日目／10日目

C + F + J
ポイントは、デニムワンピをはおりものとして使ったところだよ♪

C + I
ベージュ×ブラウンの、落ちついたコーデ。小物で色みをプラスしよ♪

A + D + H
ラグランTを、ゆるTのインナーとしてセット。レイヤードが完成！

宣言したあと、すぐにコマリはかけて行ってしまいました。
「コマリ、どうしたんだろう？」
目を丸くするイチカの横で、サナはにっこりと笑いました。

イチカが練習していることに気づいたのかな？

11 Day

ドキドキ…

イチカがんばれ！

A＋G

柄ワンピースにブラウスをＩＮ。モノトーンでまとめて大人っぽく！

B＋G

ブラウスをドッキングワンピにＩＮ。リボンを出すのがポイントだよ！

今日の授業は、以前大失敗した"笑顔の魔法"。
サナと向かい合ったイチカは、前よりもずっと緊張していました。
（あんなに練習したんだ。絶対失敗できないっ！）

エ、エガオニナーレッ

ところが——。
緊張で手もとがくるってし
まい、イチカの魔法はまた
もや大失敗……。
先生はそれを見て、ため息
をつきました。

コマリさんは
ああ言ってたけど…

一方、空を飛ぶ授業中のコマリは——。

お姉ちゃん
成功したかな～？

E＋F
ラフなスウェット
ワンピに、柄パー
カをはおって元気
いっぱいに！

12 Day

お姉ちゃんっ！

D＋H
むらさき×キャメルの秋らしさ満点コーデ。柄タイツでおしゃれに！

D＋F
えり付きＴをワンピースにＩＮしたよ。えりやリボンは外に出して。

A＋J
ラグランＴに、ラインスカートを合わせた王道のチアガール風コーデ！

昨日の失敗がショックで、イチカはコマリとうまく話せなくなっていました。
そんなイチカに、コマリはニコニコと話しかけてきます。

授業、どうだった？魔法成功した？

ワクワク

"失敗なんかしないよね？"
無邪気なコマリの言葉に、そんな
意味が隠れている気がして……。
イチカは、唇をかみました。

「ねえねえ、お姉ちゃ──」

コマリにわたしの
気持ちは
わからないよっ

もう
話しかけないでっ!!

イチカ！

びくっ

たっ

13 Day

先に行っちゃったみたい

おはよう、コマリ
イチカは…？

B + D + I
ゆるTにスウェットをIN。ショーパンで元気さをプラスしたよ！

コマリが起きる前に
学校に向かったイチカ

B + I
黒×黒で、大人っぽさをプッシュ！小物で少し色みをたしたよ♪

A + H
ミドルネックT×スカーチョのシンプルなコーデ。トップスはINに！

小さいころから、3人はずっといっしょに登校していました。
だけど、今日はイチカがいません。
イチカはふたりを避けて、先に学校に行ってしまったのです。

今日もイチカは待ち合わせ場所に来ません。
コマリは、泣きそうな顔でサナに言いました。
「……お姉ちゃん、あたしのことキライなのかな？」

あたしの前では
笑ってくれないんだ

わたし……お姉ちゃん
として情けないな

C＋E＋J
スウェットとスキ
ニーのカジュコー
デを、ロングカー
デで大人っぽく！

E＋G
パーカの前をしめ
てトップスに。ワ
ンピースがデニス
カにチェンジ！

C＋J
リボンと、サスの
フリルが相性ばつ
ぐん！　シンプル
だけどおしゃれ♥

コマリは悲しそうにつぶや
きます。それを、イチカは
陰から見ていました。

151

15 Day

ちょっといい？

コマリ、サナ

何日もいやな態度とってごめんなさいっ

B＋E＋F
カーデを肩にかけてこなれ感UP！寒いときはサッとはおってもOK。

C＋H
シャツはスカートにINするとバランス◎。ニット帽でよりポップに！

B＋F＋G
ハイネックをワンピのインナーに。デニムワンピをはおりものにして。

イチカは、コマリとサナにあやまりました。そしてコマリに、今まで言えなかったことを話しはじめます。
「コマリ、わたし落ちこぼれなんだ。先生に怒られてばっかりで……。コマリが思うようなお姉ちゃんじゃないの」

……
ちがうよ

お姉ちゃんの魔力はホントにすごいんだよっ　あたしにはわかるんだ！

うんっ！　うまく使えればイチカはだれにも負けないよ！

ふたりは、力強くそう言いました。
（魔力を、じょうずに使えれば……？）
ふたりの言葉に、イチカは目を丸くします。

16 Day

わたしも魔法をうまく使えるようになりたい…

A＋D＋I
ブラウスをニットの中にセット。すそからチラ見せさせるとおしゃれ！

E＋F
ワンピのウエストをパーカでマーク。11日目とは印象がちがう！

A＋G
ミドルネックTを、ドッキングワンピのインナーとして着こなしたよ♪

気分転換に買いものに出かけた3人。ひさびさにおだやかな雰囲気のなか、イチカは口を開きました。昨日一晩考えて、決めたことがあったのです。
「サナと……コマリにも、練習に付き合ってほしいの」
「う、うんっ！　もちろんだよ!!」

ありがとう　コマリ

秋　16日目／17日目

A＋G
デニムワンピにラグランＴをＩＮ。デニムとオレンジは相性よし！

まずはぜーんぶ解放して自分の全力を知ろう！

D＋J
やる気にあふれるこんな日は赤×赤コーデで！　サスは外に出すと◎。

E＋F
シャツワンピにロングカーデをサッとはおったよ。リボンがキュート♥

18 Day

E + J
パーカは前をしめ
てトップスにした
よ。ブーツでカジ
ュアルダウン！

いよいよ、魔力を解放する練習。
「お姉ちゃんは、ひたすらこの人形
に向かって魔力を打ちこんで！」
そう言いながら、コマリは魔法で大
きな人形をつくり出しました。

あたしは人形が
こわれないように
魔力を注ぎ続けるから！

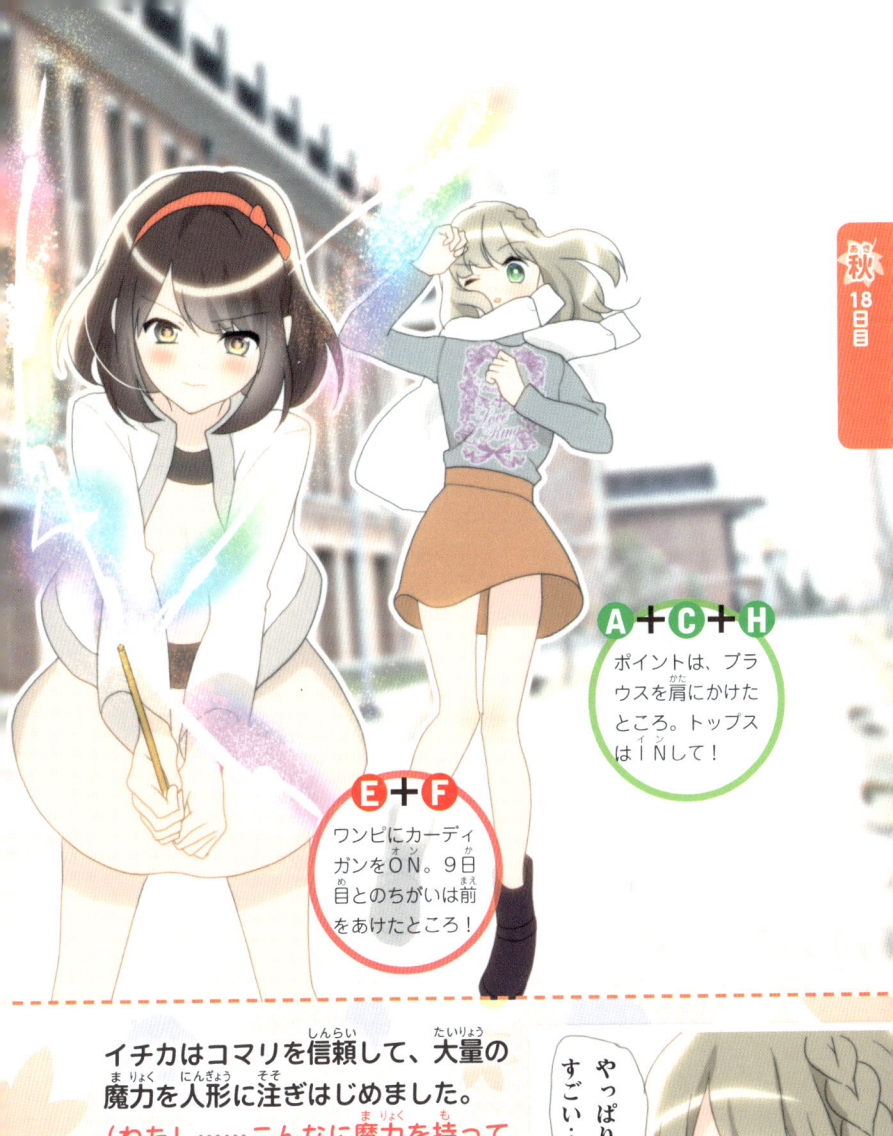

A＋C＋H

ポイントは、ブラウスを肩にかけたところ。トップスはＩＮ（イン）して！

E＋F

ワンピにカーディガンをＯＮ（オン）。９日目とのちがいは前をあけたところ！

イチカはコマリを信頼して、大量の魔力を人形に注ぎはじめました。

（わたし……こんなに魔力を持っていたの？）

とまどうイチカの横で、サナは人形に魔力を注ぎ続けるコマリに目を丸くしました。

やっぱりコマリはすごい……！

19 Day

昨日と同じ特訓！ イチカは自分の魔力の量がわかったことで、魔法にのせる力をコントロールできるようになってきました。

今までわたし、魔力をおさえようとしすぎてたこれなら…

イチカが魔力を調節できていることに気づいたコマリは、声をあげました。

A + C + H
ミドルネックTをインナーに。かんたんにレイヤードができるよ！

お姉ちゃんなにか魔法を使ってみて！

イチカは杖をそばにあった机に向けました。そして、空中浮遊の魔法をかけます。

「ツクエヨトベ！」
すると、机が見事に宙に浮いたのです。

できた！魔法が使えたっ

コマリだいじょうぶ!?

すごいよお姉ちゃんっ

E＋I
ロングカーデの前をしめてショーパンにINすればトップスに変身！

C＋D＋I
ゆるTにシャツをIN。赤×青×オレンジでポップな印象になる♪

コマリが杖を下ろすと、人形がパッと消えました。魔力を注ぎ続けていたコマリは、力が抜けてその場に座りこんでしまいます。

159

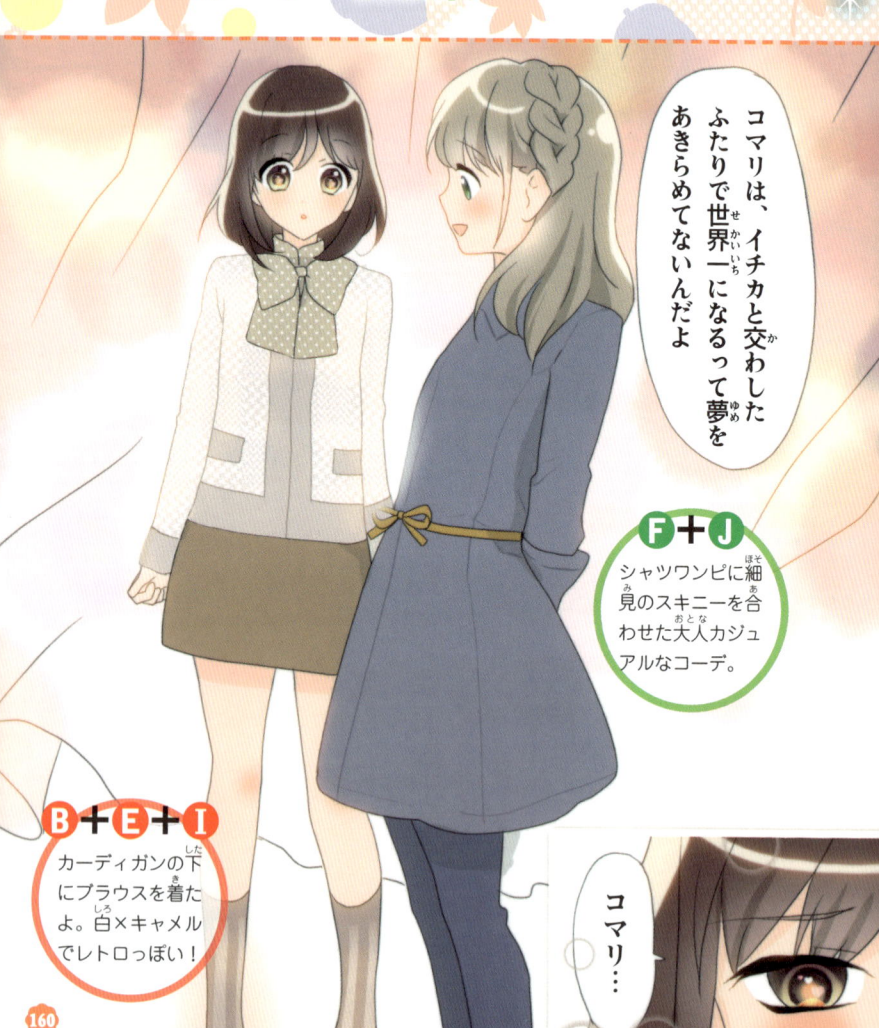

今日は、練習はお休み。
イチカは、つらそうにしながらも、人形に魔力を注ぎ続けてくれたコマリを思い出します。
「コマリは、なんでわたしのためにあんなにがんばってくれるんだろう」
「……それはね」

コマリは、イチカと交わしたふたりで世界一になるって夢をあきらめてないんだよ

F＋J
シャツワンピに細見のスキニーを合わせた大人カジュアルなコーデ。

B＋E＋I
カーディガンの下にブラウスを着たよ。白×キャメルでレトロっぽい！

コマリ…

一方のコマリは、ふだんより元気がなさそう。ふわあ、とあくびをしながら授業を受けます。

昨日はちょっとがんばりすぎちゃった

お姉ちゃんはやっぱりすごいんだ♪

（早く魔力を回復させて、お姉ちゃんと特訓したいな）コマリは、本当にイチカのことが大好きなのです。

えっ

お姉ちゃん、サナちゃん！特訓しよう〜

コマリ、体調はだいじょうぶ？

A＋E＋H
2日目と同じアイテムだけど、パーカを腰に巻いてこなれ感UP！

D＋F
12日目と同じ組み合わせだけど、ワンピにトップスをONしたよ。

B＋H
ハイネックTをキャメルスカートにIN。ブーツでさらに美脚見せ！

「うんっ！　もうバッチリだよ〜」
ニコニコと笑顔を見せるコマリ。イチカは、胸にあたたかいものがこみ上げてくるのを感じました。
（コマリの気持ちに応えられるお姉ちゃんでいたい！）

コマリといっしょに世界一の魔法使いになりたいっ！

22 Day

今日は実践の授業です。
見ちがえたように魔法を成功させるイチカに、
先生が目を丸くします。

D＋G
ニットを柄ワンピのインナーに。9日目とのイメチェンに成功!!

1学年下のコマリは

お姉ちゃんがんばってるかな…

A＋E＋J
カーディガンの前をしめ、ミドルネックTを合わせてレイヤードに！

F＋J
スウェットワンピをスカートにｉＮ。小物も青系で統一したよ。

163

（難しいのはわかってる。でも、発表会のメンバーに選ばれたいっ）

ドキドキするイチカとは反対に、コマリはうれしそうにかけ寄ってきて、イチカの腕に抱きついて言いました。

24 Day

D＋F ゆるTを、スウェットワンピの上から着てレイヤードにしたよ★

E＋G ドッキングワンピにカーディガンをON。ロングブーツがバランス◎！

A＋I シックなモノトーンコーデ。ブラウスはINすると細見せがかなうよ♥

今日は、5〜6年生の合同授業です。特訓の成果を発揮して、イチカは大活躍！
コマリは、にっこりと笑いました。
「だから、お姉ちゃんはすごいのっ！」

ガタガタ

エッヘン！

25 Day

ガタッ

シュルッ

B + G + J

ハイネックTをワンピのインナーに。スキニーをレギンス風にしたよ！

今日も合同授業です。真剣に授業を聞くサナの後ろで、用具入れがガタッと音を立てました。そして、中からナゾの魔物が！ 近くにいたサナは、しのび寄る魔物につかまってしまいました!!

用具入れに引きずりこまれそうになるサナ。あわてるイチカに、コマリが声をかけます。
「お姉ちゃん、あたしが怪物の動きを止める。その間に、攻撃魔法をあてて！」

サナ!!

マモノヨサレ!!!

B＋J
ブラウスにサス付きスカートを合わせた、王道のガーリーコーデだよ！

E＋H
パーカをトップスにしてスカートと合わせればチアガっぽさ倍増★

（サナ、今助けるからねっ！）
イチカはコマリの指示通り、杖の先に魔力をこめて、魔物に攻撃をあてました。
魔物はおたけびをあげ、その場に倒れます。

た、助かった…

イチカ、コマリ　ありがとう！

B＋I

イエロー×オレンジで気分上昇♪ひざ下ソックスを合わせたよ。

A＋F＋I

ラップスカートを巻いて、ワンピースをトップスにした変化球コーデ！

D＋F

シャツワンピにニットをＯＮ。むらさきとデニムは相性ばつぐんだね♪

昨日の授業で魔物を倒したイチカとコマリは、全校生徒の前で表彰されました。そんなふたりを見て、心ない生徒が陰口を言います。

「コマリだけの力じゃ……」

それを聞いて、コマリが怒ります。

魔物を倒したのはお姉ちゃんだよっ

A + E + I
大人っぽく決めた
いなら、コーデは
モノトーンでまと
めるのが近道！

C + F
スウェットワンピ
にシャツをIN。
赤色のえりが映え
るね♪

D + H
赤×緑はどちらも
強い色だけど相性
ばつぐん！　レト
ロ感がUP♥

お姉ちゃんは
ぜーったい選ばれる！

いよいよ明日、発表会のメン
バーが決まります。ドキドキ
するイチカに、コマリは自信
満々な表情で言いました。

28 Day

B + C + H
ハイネックTをインナーに。キャメルスカートを合わせて秋らしく！

B + E + J
カーディガンの前をしめ、インナーのリボンだけを外に出したよ★

A + E + J
ポイントは、パーカを腰に巻いたところ。寒いときはサッとはおれる！

発表会のメンバーが、掲示板に貼りだされます。そこに書かれていたのは——コマリとサナ、そしてイチカの名前でした。
「お姉ちゃんっ！　選ばれてるよっ」

うれしいっ！

29 Day

改めて、イチカはコマリとサナにお礼を言いました。
「わたしが選ばれたのは、ふたりのおかげだよ。本当にありがとう」
そして、コマリに向き直ります。

B＋D＋H
ゆるＴ×スウェットのレイヤードを、白のボトムスでバランスよく！

コマリ
大好きだよ

C＋F
スウェットをワンピースのインナーにしたよ。肩のリボンがアクセント

D＋J
むらさきニットにスキニーを合わせた、ラフだけど大人っぽいコーデ。

あ、あたしも大好きだよう

それを聞いて、コマリはポロポロと泣きだしてしまいました。
「嫌われてるんじゃないかって、不安だったの。うれしいっ」
「魔法がうまく使えない自分が情けなかったんだ。でもコマリのこと、絶対に嫌いになんてならないよ！」

30 Day

E ＋ F

17日目、23日目と同じだけど、カーディガンの前をしめてイメチェン！

A ＋ E ＋ G

ドッキングワンピにカーディガンをON。ミドルネックTはインナーに。

C ＋ E ＋ G

デニムワンピにシャツをIN。さらにパーカをはおれば元気いっぱい！

そして、発表会当日。
イチカとコマリ、サナたちの魔法は
とてもレベルが高く、観客はおどろ
きの声をあげます。
「全員すばらしいが……とくに、あの
姉妹はすごい！　息がぴったりだ!!」

ふふっ、わたしの幼なじみは
すっごいんだから！

秋
30日目

ひと際歓声を浴びる、イチカとコマリ。
ふたりは同じ夢を追っています。
「「ふたりで、世界一の魔法使いになるっ」」

ロングさんのヘアアレ

髪が胸の位置より長いロングヘアさんは、いろいろなアレンジに挑戦できるよね♪ おすすめアレンジを7つ紹介するよ！

＊お姫さま風 あみこみつあみ

用意するもの

ヘアゴム（1個）

スタート

1 トップの毛を 7：3に分けて持とう

トップの毛を7：3に分け、多いほうの耳の横あたりの毛を、さらに3つの束に分けて持つよ。

2 ☆を耳あたりまで あみこんでいこう

☆の毛束を、耳上まできっちりあみこんでいくよ。ゆるまないようにしっかりとあんでね！

★3 残りの毛束を集めて 3つの束に分けよう

☆の毛束をひとつにまとめるよ。次に、残りの髪を集めてサイドに寄せ、ふたつの束に分けて、合計3つの束にしよう。

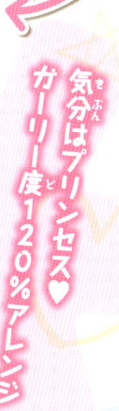

★4 毛先までみつあみして ゴムで結ぶよ

3つに分けた束を、毛先までみつあみして、ゴムで結ぼう。あみ目をほぐしてゆる〜く仕上げるとガーリー度がアップするよ♥

できあがり

気分はプリンセス♥ガーリー度120%アレンジ

＊みつあみMIX サイドポニー

用意するもの

ヘアゴム（3個〜）

スタート

① 髪をひとつにまとめて ゴムで結ぼう

髪全体を、片方の耳上でひとつにまとめてゴムで結ぶよ。高めで結ぶと、元気なイメージに♪

② 毛束を少しだけとって みつあみしよう

毛束を少しだけとって、小さなみつあみをつくるよ。毛先まであんだらゴムで結ぼう。2〜3本つくってね！

③ 結び目をおさえながら あみ目をゆるめよう

☆の結び目をおさえながら、あみ目から少しずつ毛を引きだしてゆるめていくよ。こうすると、あみ目が目立つの！

できあがり

定番サイドポニーをみつあみでおしゃれに♥

＊みつあみ カチューシャ

用意するもの

ヘアゴム（2個）

アメリカピン（2本〜）

スタート

1 耳より前の毛を みつあみしていこう

耳より前の毛を毛先までみつあみして、ゴムで結ぶよ。あみ目を引きだして、ルーズに仕上げておこう！

2 みつあみを反対側に 持っていこう

1のみつあみの根もとをおさえながら、頭頂部を通して逆サイドに持っていこう。みつあみがくずれないように注意！

できあがり

3 ピンでとめたら 完成だよ★

みつあみを、耳上あたりでピンをさしてとめよう。みつあみの真ん中あたりもとめておくとくずれにくいよ！反対側も1〜3を同じように。

みつあみがカチューシャに!? 女の子っぽくてかわいすぎ♥

177

＊元気っ子 120％おだんご

スタート

1 髪をひとつにまとめて ゴムで結ぼう

髪全体を、頭のてっぺんあたりでまとめてゴムで結ぼう。後れ毛が出ないようにきっちりまとめると◎。

2 毛束をふたつに分けて ツイストするよ

1の毛束をふたつに分けて両手で持ち、毛先までツイストしていくよ。きつくねじってね！

できあがり

3 毛束を巻きつけ ピンでとめよう

1の結び目を中心に、毛束をグルグルと巻きつけよう。おだんごの中心に向かってピンでとめて固定すれば完成！

ポップに決まるっ！元気印の高めおだんご★

178

★ ねじりMIX サイドポニー

スタート

1 トップを7：3に分け 髪の表面をねじろう

トップの毛を7：3に分けるよ。多いほうの毛の表面をすくって、外向きにグルッと1回ねじってね。

2 下の毛束を合わせて ねじる……をくり返し

☆の毛束の下の毛を少しすくって、☆と合わせて外向きにねじろう。これをくり返して耳までねじり、ピンでとめて。

できあがり

3 残りの毛をまとめて 耳下で結ぼう

残りの髪を☆のピンの下でまとめ、ゴムで結ぶよ。仕上げに、ねじったところの毛を少し引きだしてゆるめよう。

サイドの小ワザがアクセント！大人っぽいサイドポニー

179

★ ねじねじ ロープツイン

スタート

1 髪をふたつに分け 毛束をねじるよ

髪全体をセンターでふたつに分けたら、その毛束をさらにふたつに分けよう。両手で持ち、それぞれ矢印の方向に毛先までねじってね。

2 ねじった毛束を ツイストしよう

★の毛束を、後ろ方向にグルグルとツイストしていくよ。毛先までねじったら、ゴムで結ぼう！

できあがり

3 毛を引きだして ルーズに仕上げて

結び目をおさえながら、毛を少しずつ引きだしてルーズに仕上げれば完成★ 反対側も同じように！

ねじって結んでできあがり！ポップ＆キュートなアレ♡

180

✳ あみこみつあみ ハーフアップ

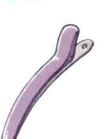

ヘアゴム（1個）　　ダッカール（1個）

スタート

1 耳より前の毛を 耳まであみこもう

トップの毛をセンターで分け、耳より前の毛をとり分けてトップから耳あたりまできっちりあみこんでいこう。

2 あごあたりまで みつあみしていこう

☆を毛先まであみこみするよ。一度ダッカールで仮どめして、反対側も同じようにあみこみ→みつあみしてね。

できあがり

3 2本の毛束を 頭の後ろで結ぼう

ダッカールをとり外し、左右2本の毛束を後頭部で合わせて、ゴムで結んでひとつにしよう。

絶対かわいくなれちゃう♡ みんなのあこがれアレンジ！

183

人物相関図

転校生には負けないぞっ

仲よし3人組

ユメノ

まんがが大好きで、絵を描くのが得意。

ヒナタ

運動神経ばつぐんで、サッカークラブのエース。

ノア

恋にあこがれる乙女ちっくな女の子！

ライバル心メラメラ

カケル

転校生。ヒナタがいるサッカークラブに所属する。

ひとめぼれ♥

サッカークラブに所属するヒナタは、運動神経ばつぐん！　親友のユメノとノアは、いつも応援に来てくれる。ある日の練習後、転校生のカケルにノアがひとめぼれ♥　だけど、カケルが話しかけてくるのは——。

カケルです
よろしくお願いします

どうしよう…
あたし一目ぼれ
しちゃったかも…

185

冬の物語 登場人物

恋に興味なしのサッカー少女
ヒナタ

転校生には
サッカーで負けたくないっ

小学校5年生。運動神経ばつぐんで、所属しているサッカークラブのエースストライカー！　ちなみに、恋にはまったく興味なし！　サッカー経験者で、これからチームに入るというカケルの実力が気になっている。

スタイルは

ボーイズMIX

男の子っぽいロゴや色みのもの、スタジャンなどのアイテムをとり入れたスタイル。スポっぽさやカッコよさをプッシュしたい子にぴったり！

コーデのPOINT

♥モノトーンや青、緑など
　暗めの色をとり入れよう！

♥デニムアイテムがイチオシ！

♥アウターの丈は短めが◎

A ロゴロンT

ミドルネックのロゴロンT。ウエストから広がるペプラムがポイント。

B スウェット

温かみがある起毛のスウェット。シンプルで着まわし力ばつぐん!

C 柄シャツ

ギンガムチェック柄の、かっちりしたシャツ。きちんと感が出るよ♪

D スタジャン

あざやかなカラースタジャン。スポっぽく決まるよ★

登場人物

E MA-1

ミリタリーコーデにぴったりな、短め丈のブルゾンだよ。

F スウェットワンピース

ロゴと星柄がポップな印象のスウェットワンピース!

G ダメージデニム

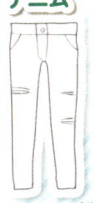

暗くなりがちな冬コーデを明るくしてくれる、白のデニムパンツ。

H ショートパンツ

縦ストライプは脚長効果はつぐん。個性的なむらさき色だよ。

I スウェットショーパン

黒ベースに、白のラインが特徴的なスウェットショートパンツ。

J デニムサロペ

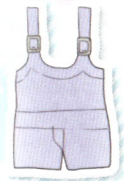

ライトブルーのデニムサロペ。短め丈で、元気のよさをプッシュ!

ニット帽
寒さ対策にもなるニット帽は、ラフなコーデにマッチ!

スニーカー
ハイカットのスニーカーでおしゃれ度急上昇だよ♪

小物はコレがマッチ!

まんが家が夢の文系ガール
ユメノ

このシチュエーション
まんがみたいだ～♪

小学校5年生。ヒナタ、ノアと同じクラスで、とても仲がいい。絵を描くことが好きで、いろいろなものをスケッチしている。運動は苦手だけど見るのは好きで、ヒナタのクラブチームの練習をいつも見学している。

スタイルは

おりこうプレッピー

学校の制服をモチーフにしたスクール風コーデ。カーディガンやチェックスカートなどを「おりこう」に着こなしたスタイルだよ★

コーデのPOINT

♥ Vネックのカーディガンやラインニットなど、学校の制服っぽいアイテムを投入！

♥ えり付きアイテムで「おりこう」感を演出しよ♪

♥ デニムをうまくとり入れよう

おりこう プレッピー この10アイテムを着まわし！

A ボーダーT

ハイネックが特徴的な、グレー×白の淡いボーダーロンT。

B えり付きスウェット

白のえりがおりこう感を演出！ 落ちついた黒のスウェットだよ♪

C ラインニット

赤×青のラインが、スクール感をUP。着まわしやすい白ニット。

D デニムシャツ

デニムシャツは、カジュアルさとおりこう感を両立できるアイテム。

登場人物

E ニットカーディガン

ハートがキュートなニットカーディガン。明るめの色みが◎！

F シャツワンピース

オーバーチェック柄のシャツワンピース。はおりものにもなるよ★

G プリーツスカート

プリーツスカートはグレーに！ どんな服にも合う万能カラーだよ。

H デニムスカート

Wボタンがおしゃれなスカート。デニムだから着まわし力◎。

I ショートパンツ

デニムショートパンツは、脚長効果ばつぐんのハイウエスト！

J ジャンスカ

ちょっぴりレトロに決まる、アースカラーのジャンパースカート。

ニーハイソックス

ミニ丈のボトムスと相性◎。シンプルで合わせやすい！

ベレー帽

サッとかぶるだけで、コーデがグッドガール風に決まる★

小物はコレがマッチ！

恋にあこがれる乙女♥ ノア

小学校5年生。ヒナタ、ユメノとクラスがいっしょで、とても仲がいい。少女まんがや恋愛ドラマが大好きで、恋にあこがれていた。ヒナタの応援に行ったサッカーチームでカケルに出会い、ひとめぼれする。

キャ～♥ カケルくんカッコいいっ

スタイルは

乙女ガーリー

フリルやリボン、レース、花柄など、ガーリーなアイテムをた～っぷりとり入れたスタイル。テーマカラーは女の子っぽさ満点のピンク!

コーデのPOINT

♥ フリルやリボン、レースなどが
　使われた服をとり入れて!

♥ ピンク×白でコーデを
　甘～くまとめよ!

♥ 花柄や、細かいドットで
　ラブリー度急上昇♥

A ニット

えりが折り返しになっている、ガーリーなピンクのニット。

B ブラウス

リボンみたいなえりがキュートな、着まわしやすい白のブラウス。

C フリルカットソー

すそにフリルがついた、甘い印象のピンクカットソーだよ♥

D ビスチェ付きトップス

白のミドルネックＴと、チェック柄ビスチェがセットになったもの。

登場人物

E カーディガン

ボタンがリボンの形でかわいい! そでのフリルもポイント♥

F ロングニットパーカ

アウターにもなる、ロング丈のニットパーカ。フードがうさぎ耳!

G 柄ワンピース

大人ガーリーなローズ柄。切り替えし部分のフリルがおしゃれ!

H マキシ丈スカート

レースとドットがかわいいマキシ丈スカート。胸で着るとワンピ風に。

I チュールスカート

チュールがガーリー度を底上げ! 着まわし力◎のホワイトカラー。

J ミニスカート

オーバーチェック柄のひざ上丈スカート。**D**と同じ柄だよ。

リボンバレッタ
大きめのリボンバレッタで、女の子っぽさをプッシュ!

細身のブーツ
ピタッと細身のシルエットで、脚をきれいに見せちゃおう!

小物はコレがマッチ!

あの人すごく
カッコよかった〜♥

ヒナタは
どう思った？

ピンクづくしのラブリーなコーデ♥恋する女の子にぴったりだね！

A＋H
ロンTにショーパンを合わせたラフなコーデ。短めソックスが相性◎。

A＋G
カジュアルなアイテムも、モノトーン系で統一すれば大人っぽい！

ノアの頭の中はカケルのことでいっぱい！ でも、ヒナタが気になるのはもっと別のことで……。

転校生、サッカーうまいのかな？

Day 2

朝の会──。先生は教室に入ってくるなり、転校生を紹介しはじめました。
「今日からみんなと同じクラスになる、カケルだ」

みんな、よろしく！

キャー♡

まんがみたいな展開だ！

ふーん…

B＋C＋I
ラインニットにえり付きスウェットをIN。えりは外に出してね★

B＋J
ブラウスに、チェック柄スカートをセット。白×ピンクでキュート♥

B＋C＋I
腰に巻いたチェック柄のシャツがモノトーンコーデのアクセントに！

休み時間に3人で話していると、転校生の
カケルが声をかけてきました。

D＋H

デニムシャツにデ
ニムスカートを合
わせた、いい子ち
ゃん風コーデ！

クラブチームにいたよな？
学校でもよろしく！

D＋G

スタジャンをトッ
プスにアレンジ。
気分が明るくなる
赤系×白！

D＋I

ビスチェのフリル
とチュールが甘〜
い乙女度120%の
コーデだよ♥

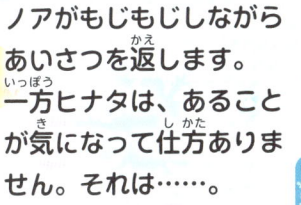

ノアがもじもじしながら
あいさつを返します。
一方ヒナタは、あること
が気になって仕方ありま
せん。それは……。

よ、よろしくねっ

カケルくんって
ポジションどこ?

「オレ？　フォアードだよ」

フォアードは、攻撃専門のポジション。そして、ヒナタのポジションもまた、フォアードです。ヒナタは、カケルへのライバル心をさらに強くしました。

よーし
負けないぞっ

4 Day

ねえねえビッグニュース！

F スウェットワンピを1枚で。シンプルに着こなしてすっきり見せ！

E＋G ワンピースにカーディガンをセット。タイトなラインで美シルエGET！

F＋J シャツワンピースを、ジャンスカのインナーにしたのがポイントだよ！

ま、負けないぞっ

「カケルくん、ジュニアのプロチームに所属してたんだって！」ノアにたのまれてカケルの情報を集めていたユメノが、目をかがやかせながら言いました。

5
Day

A＋E＋I
ハート柄のニット
×ボーダーT。柄
どうしてもバラン
ス◎！

F＋H
ニットパーカとマ
キシ丈スカートを
合わせた、あった
かコーデだよ♪

A＋E＋I
ロンT×ショーパ
ンのラフなコーデ
を、MA-1でグッ
とカッコよく！

明日の練習に向けて、ヒナタは自主練習！　ユメノと
ノアは、そんなヒナタを応援します。

C＋J

ピンク×ピンクの甘い（あま）コーデ❤　チェック柄（がら）でほどよくカジュアルに。

C＋F＋G

ラインニット×スカートに、シャツワンピをはおってカジュアル見せ（み）！

いよいよカケルとの初練習（はつれんしゅう）！
プロチームにいただけあって、カケルは足（あし）が速く（はや）、ボールのあつかいも完（かん）ぺき。
「キャー！　カッコいい〜❤」
「すごい、速い（はや）ね〜」

カケルのすごさを見た
チームメイトたちは大
喜びです。

「すごいな、カケル！」
「ヒナタより足が速い
んじゃないか!?」

（カケルくん、本当
にじょうずだ！　ド
リブルも速いし……。
負けてられない！）
カケルを見て、ヒナ
タはもっともっと練
習しなければ、と決
意をかためます。

よーしっ
練習するぞ！

B＋J

サロペパンツにス
ウェットをIN！
動きやすいけどお
しゃれなコーデ♪

199

7 Day

「今日は練習するぞーっ！」
そう決意するヒナタのもと
に、ふたりから遊びのおさ
そいが。ヒナタは迷いまし
たが、ふたりにはお断りの
メールを送りました。

練習したいから
ごめんね、と…

D＋I
おしゃれ上級者に
なれちゃう、デニ
ム×デニムコーデ
に挑戦したよ★

B＋E＋I
冬にぴったりなホ
ワイトコーデだよ。
ブラウスのえりは
外に出してね！

C＋I
シャツ×ショーパ
ンのラフなコーデ。
ニット帽で冬っぽ
くアレンジしよ。

負けないぞっ！

この間カッコよかったー♥

STAR

D＋H
マキシスカートを胸で着てワンピ風に。Dはビスチェをとり外したよ。

B＋H
えり付きスウェットにデニムスカートを合わせて、シックにアレンジ。

A＋F
スウェットワンピにミドルネックトップスをIN。青×青がさわやか！

今日は学校。教室で、ノアはカケルに声をかけています。
一方のヒナタは、ライバル心メラメラ。ノアとヒナタを見くらべて、ユメノはほほえましそうにしています。

ふたりとも青春してるなー♪

9 Day

「ヒナタ、帰ろ〜」

放課後、ヒナタのもとにユメノとノアが声をかけに来てくれました。でもヒナタは、手を合わせてふたりにあやまります。

ごめんっ！今日も練習したいんだ

A＋J
ボーダー柄トップスをジャンスカと合わせて、大人カジュアルに！

B＋D＋G
白×白コーデを、カラースタジャンでポップにアレンジしたよ★

A＋G
ワンピースの上にニットトップスを着て、スカート風にアレンジ！

（ヒナタはすごいな。あんなにサッカーがじょうずなのに、もっと練習したいなんて）

ノアは、そんなヒナタを見て、心から感心しました。

がんばって！

そうだ！

そして、サッカーをがんばるヒナタを思い浮かべながら、あることを思いつきました。

おどろくヒナタに、ノアは笑顔で言います。
「カッコいいのはカケルくんだけど、応援してるのはヒナタだよ。友だちなんだから！」
「うれしいっ。ありがとう!!」

10日目

ヒナタ、ノアになにかもらったの？

E＋F
シャツワンピースにカーデをセットした、スクールカジュアルコーデ。

大喜びするヒナタの声を聞いて、ユメノもリストバンドをのぞきこみました。
「ヒナタらしくてかわいい〜！　さすがノアだね♪」

カケルくんのこと、抜けがけは禁止だよっ

ユメノの言葉に、ノア得意げな表情を見せます。
「まーねっ。……あっ、でも」

E + H
MA-1をトップス
風に着こなしたよ。
カーキとむらさき
は相性ばつぐん！

C + G
トップスを、ワン
ピースのインナー
に。ピンク×花柄
は相性◎だよ♪

C + G
ラインニットにプ
リーツスカートを
合わせた、定番プ
レッピーコーデ。

3人が話していると、カケ
ルが声をかけに来ました。
「あさって練習試合だな。
がんばろーぜ！」
「えっ！　う、うん…」

じゃ！

ライバルだと思ってるの
わたしだけなのかなぁ？

12 Day

D＋E＋I

デニム×デニムの
コーデにカーデを
プラスして、きち
んと感ＵＰ！

A＋I

ピンク×白の、ふ
んわり甘コーデ♥
髪はアップにして
すっきり見せて。

F＋G

スウェットワンピ
に、ダメージデニ
ムを投入。ボーイ
ズ感がＵＰする！

明日の練習試合に向けて、ノアとユメ
ノが横断幕をつくってくれました。
「ユメノは本当に絵がじょうずだねっ」
「えへへ」

がんばるねっ！

13 Day

いよいよ練習試合。1点を追うヒナタたちのチームは攻めきれずにいました。試合時間も、あとわずかです。

「負けねえっ！」
相手チームのパスを、カケルがカットしました。そして、ゴールに向かって一直線に走り出します。

ゴール前──。カケルは、絶妙な位置にいたヒナタにボールをパスします。
ヒナタはそのままシュート！
その後、今度はヒナタがアシストして、カケルがゴールを決め、チームは3対2で大勝利をおさめました！

「ふたりともすごーいっ！」

横断幕を持って応援に来てくれていたユメノとノアも大喜びです！

（勝ててよかった…）ヒナタはほっと息をつきました。

ヒナタ Fight!!

試合後——。

カケルくんじょうずだったな…

F＋G
ワンピースに、ニットパーカをＯＮ。チラ見えするワンピがアクセント！

A＋F＋H
シャツワンピをアウターとして着こなし。ボーダーＴとマッチするね♪

C＋D＋I
シャツ×ショーパンの定番コーデを、スタジャンでスポにアレンジ♪

——帰り道。ヒナタは今日の試合を思い返していました。

14 Day

ヒナタさん！

昨日の試合
楽しかったな〜

A+J
青×デニムでボーイッシュに。色つきのくつで元気のよさをプッシュ！

公園で練習をしながら、ヒナタは昨日の試合を思い出していました。
すると、公園になんとカケルがやってきました。おどろくヒナタに、カケルがかけ寄ってきます。
「練習してるの？　オレもいっしょにやってもいい？」

ヒナタさん、昨日楽しかったな！

カケルの言葉にヒナタはびっくり！
「わ、わたしも、昨日の試合とっても楽しかった！」
「だよなっ！」
意気投合したふたりは、笑い合います。

カケルって呼んで！
オレもヒナタって呼ぶな？

C＋D＋J
シャツ×ジャンスカコーデにラインニットを投入してスクール風に！

D＋E＋J
ビスチェとスカートが同じ柄の、セットアップ風コーデだよ♪

そんなふたりを、ユメノとノアが目撃します。
「あれって、ヒナタとカケルくん？」
「いっしょに練習してるのかなー？」

211

公園（こうえん）でヒナタと
カケルくん見（み）かけたよ～

え、っと…

B＋H
ブラウスとマキシ丈（たけ）スカートを合（あ）わせて大人（おとな）ガーリーに着（き）こなし！

B＋G
黒（くろ）×モノトーンのシックなコーデ。小物（こもの）で色（いろ）みを足（た）すとGOOD（グッド）♪

D＋F
スウェットワンピをスタジャンでスポに。赤系（あかけい）×青（あお）が元気（げんき）だね★

ユメノが昨日（きのう）のことについて話題（わだい）を振（ふ）ると、ヒナタは真（ま）っ赤（か）になってしまいました。

（あんなにライバル視（し）してたのに、単純（たんじゅん）な自分（じぶん）がはずかしいな）

16 Day

C + I
トップスのフリルとチュールがマッチして、女の子っぽさを演出♪

A + I
ボーダーTに、ショーパンをセット。ハイウエストで脚長見せしちゃお！

B + C + H
スウェットからチラ見えするシャツがポイント。ラフだけどおしゃれ！

ヒナタ〜！

カケルどうしたの？

「明日の放課後、いっしょに練習しよーぜ」

「うん、もちろん！」

すっかり仲よくなった、ヒナタとカケル。ノアは、ふたりをいぶかしげに見つめます。

ふたりとも名前で呼び合ってる？

ちょっぴり不安…

放課後、練習に行こう
とするふたりに、ノア
が声をかけました。

いっしょに
行ってもいい？

F＋G
ワンピにニットパー
カをはおったよ。
前をあけて13日
目とイメチェン！

C＋F
シャツワンピにラ
インニットをＯＮ
した、おしゃれ上
級者の着こなし！

A＋D＋G
スタジャンをトッ
プス風にアレンジ。
インナーの青をチ
ラ見せしよう！

ノアとつきそいのユメノは、ヒ
ナタ＆カケルとともに公園に向
かいました。
ヒナタとカケルは遠目で見ても
息がぴったりで、楽しそうに練
習をしているのがわかります。

214

F＋I
スウェットワンピをトップス風に！黒のショーパンで引きしめよう。

休み時間、カケルがこっそりヒナタに声をかけました。
「今度の休みの日、ちょっと時間くれ。内緒で見せたいものがあるんだ」
「えっ？　う、うん…」
とまどいながら、ヒナタはうなずきます。

17日目／18日目

…大丈夫かな？

そんなこととはつゆ知らず。ノアは、カケルのカッコよさについて、ユメノに語っていました。

D＋J
デニムシャツをジャンスカにＩＮ。きちんとカジュアルに決まるね！

D＋J
14日目と同じセットアップ風コーデから、カーデをオフしたよ。

215

買いものと
カラオケ行こー！

ヒナタ今度の
休日あいてる？

B＋F＋I
黒トップス×デニムコーデを、シャツワンピでほどよくカジュアルに。

C＋E＋H
シャツ×ショーパンの定番コーデ。腰に巻いたMA-1でこなれ感UP！

E＋H
マキシ丈スカートを胸あたりから着て、ミニスカ風に着こなしたよ。

えっと
ごめんね……

ユメノとノアが、ヒナタを遊びにさそいます。しかしその日、ヒナタにはカケルとの予定が入っていました。
「じつは、カケルくんと約束してるんだ……」

あたしも行(い)きたい！

ノアはあせったように言(い)いました。でも、カケルはヒナタに"内緒(ないしょ)で"見(み)せたいものがあると言(い)っていました。ノアを連(つ)れていくと、約束(やくそく)をやぶることになってしまいます。
「ご、ごめん……」

なんでふたりで約束(やくそく)しちゃうの!?あたしがカケルくん好(す)きなの知(し)ってるよね!?

ここ何日(なんにち)かのモヤモヤが爆発(ばくはつ)したのか、ノアが怒(おこ)ってしまいました。
「もういいっ！」
そう言(い)って、ノアはその場(ば)を走(はし)り去(さ)ってしまいます。

ごめんヒナタ、わたしノアを追(お)いかけるね

20 Day

おはよう、ヒナタ
今日もがんばってね

A＋E＋H

肩にかけたカーデでこなれ感を演出。寒いときはサッとはおれて便利！

B＋D＋J

カジュアルなデニムサロペを、スタジャンでポップにアレンジ！

B＋I

ブラウス×チュールスカートのホワイトコーデ。トップスはＩＮしよ！

今日はサッカーの練習。だけど、いつも来ているノアの姿が見えません。「メールが来て、今日は来られないみたい」

ヒナタは練習がんばって！

21 Day

A＋E＋G

インナーの青と、白のパンツでさわやかに！　ＭＡ-１でカッコよく♪

迷いつつも、ヒナタはカケルと会うことにしました。カケルが連れてきてくれたのは、自宅の庭にあるサッカーコートでした。

「えっ！　カケルの家、サッカーコートがあるの!?」

「まーなっ」

すごーいっ！いつでもサッカーできるね！

おどろくヒナタに、カケルはまじめな顔で話しはじめます。
「オレの父さん、プロのサッカー選手だったんだ。オレの夢は、父さんみたいなサッカー選手になることなんだ」
「す、すごいっ！」

今度いっしょにここで練習しようぜ！

そのころ──。

う、うんっ！
もちろ──

D＋G
デニムシャツを、グレーのプリーツスカートでスクールっぽく！

"もちろんだよ！"
そう返そうとしたヒナタの頭に、おとといのノアの言葉がよぎります。
（……ダメだ）
ヒナタは首を横に振り、誘いを断りました。
「……ご、ごめん」

そっかあ
じゃあ、今度また公園で！

A＋J
ピンク×ピンクの甘あまコーデで、乙女キブンを上昇させちゃおう！

ユメノは、ノアの家に遊びに来ていました。

ガタッ

D＋G
ビスチェを外した
ミドルネックＴを、
ワンピのインナー
として活用！

B＋E＋I
インナーの黒が、
コーデ全体をピッ
と引きしめてくれ
るね♪

C＋F
スウェットワンピ
にシャツをＩＮ。
えりを見せてアク
セントにしよう！

ガラガラ

休み時間、カケルとヒナタが楽しそうに
話しています。
「昨日の代表戦、すごかったな！」
「うん！　シバサキ選手の決勝点が……」
盛りあがるふたりを見て、ノアが教室か
ら出ていってしまいました。

23 Day（デイ）

えっ？

ヒナタに話があるの

B＋F＋H
マキシ丈スカートを胸から着て、ワンピ風に。ニットパーカで冬っぽく。

D＋J
スタジャンをトップスとして着たよ。サロペパンツもショーパン風に。

F
シャツワンピを1枚で着こなし。小物をたして冬っぽくアレンジしよ♪

久しぶりにいっしょに下校する3人。重い空気のなか、ノアが口を開きます。

「ヒナタは、カケルくんのことが好きなの？」

「ち、ちがうよっ！　ただ、チームがいっしょなだけで……」

それなら邪魔しないで！　もうカケルくんに話しかけないでよっ！

24 Day

ヒナター

……っ

（わたし、ノアのこと
傷つけた……）

ヒナタは、あいまいな態度でノアにいやな思いをさせてしまったことを後悔していました。カケルに声をかけられても、うつむいたままです。

ヒナタ…。

A＋B＋H
起毛のスウェットを、えりの青やショーパンのむらさきでパキッと！

E＋J
カーディガンをトップスとして着こなし。タイトなミニスカで細見せ！

A＋C＋H
ボーダーTを、ニットのインナーに。デニムスカートでカジュ度UP。

ヒナタとカケルのようすを見て、ノアはつらそうな顔をしています。ユメノは、そんなノアに寄りそっていました。

25 Day

なあ、今日いっしょに練習…

ごめん、宿題やらなきゃ…

E＋F
さわやかな青のワンピを、MA-1でミリタリー風コーデにチェンジ！

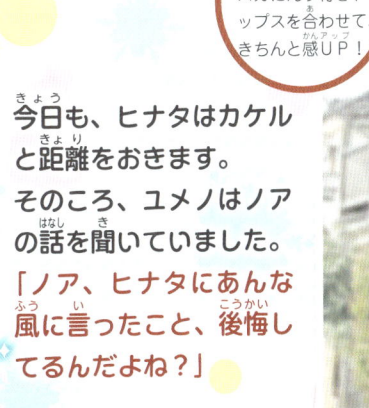

B＋J
キャメルのジャンスカにえり付きトップスを合わせて、きちんと感UP！

うん…あたしのせいでふたりが…

B＋G＋H
ワンピースをトップス風にアレンジしたよ。花柄×ドットでガーリー♥

今日も、ヒナタはカケルと距離をおきます。

そのころ、ユメノはノアの話を聞いていました。

「ノア、ヒナタにあんな風に言ったこと、後悔してるんだよね？」

ヒナタ、たのむから
ちょっと時間くれ

今日も、ヒナタはカケル
を避けてしまいました。
すると放課後、カケルが
声をかけてきました。
そして、ヒナタの手を引
っぱります。

カケルは、ヒナタを自宅の
サッカーコートに連れてき
ました。
「サッカーやろうぜ。明日
練習試合だし。ヒナタと合
わせておきたいんだ」
「……わ、わかった」
そして、いざふたりでサッ
カーをすると……。

どうしよう…
やっぱりカケルとの
サッカーがいちばん楽しい…

C＋D＋G

スタジャンをトッ
プスとして。腰に
巻いたシャツでお
しゃれ度急上昇！

なあ、オレ
なにかした？

練習のあと、カケルが悲しそうに言いました。
「……お前と話せないの、つらい」
「なにもしてないよ！　わたしも、
カケルと話したいっ」

ヒナタが勢いあまってそう
言うと、カケルはほっとし
たように笑いました。
「そっかあ……よかった」
その顔を見て、ヒナタは胸
が高鳴るのがわかりました。
（どうしよう、わたし……）

わたしも
カケルのこと…

C＋D＋I
ビスチェを、別の
トップスにセット。
白スカートでほど
よく甘くしよっ♪

D＋E＋G
シャツ×プリーツ
のカジュコーデを、
赤のカーディガン
ではなやかに。

その夜、ヒナタはノアとユメノに
メールを送りました。
『今度のお休みの日、話がしたい』

27 Day

<ruby>今日<rt>きょう</rt></ruby>は<ruby>練習試合<rt>れんしゅうじあい</rt></ruby>。ノアも、
ユメノといっしょに<ruby>応援<rt>おうえん</rt></ruby>
に<ruby>来<rt>き</rt></ruby>てくれました。

C＋F

<ruby>腰<rt>こし</rt></ruby>に<ruby>白<rt>しろ</rt></ruby>ニットを<ruby>巻<rt>ま</rt></ruby>
いてシャツワンピ
をアレンジ。17<ruby>日<rt>にち</rt></ruby>
<ruby>目<rt>め</rt></ruby>とイメチェン！

D＋F＋J

ミドルネックT×
ミニスカのコーデ
を、ニットパーカ
でほどよく<ruby>甘<rt>あま</rt></ruby>く。

ヒナタとカケルの<ruby>息<rt>いき</rt></ruby>はぴったり！
そんなふたりを<ruby>見<rt>み</rt></ruby>て、ノアは<ruby>小<rt>ちい</rt></ruby>さく<ruby>笑<rt>わら</rt></ruby>いました。

ヒナタ＆カケルの活躍のおかげで、チームは快勝！

ヒナタ
すごかったね
おめでとう！

明日、ちゃんと話さなきゃ…！

帰り道、ヒナタのもとに、ノア＆ユメノからお祝いメールが入っていました。
（ふたりとも……見ててくれたんだ）

B＋E＋I

モノトーンコーデを、MA-1でピリッと味つけ。カッコよく決めて！

ふたりに…ノアに話さなきゃいけないことがあるの

A + G
ミドルネックのロンＴを、白のデニムでカジュアルダウンしたよ！

A + G
9日目と同じ組み合わせ。ニットをワンピのインナーにしてチェンジ！

A + J
9日目と同じだけど、ボーダーＴを上から着れば、印象が変わるね！

（きちんと伝えなきゃ。それで、ノアに嫌われても）

約束の日──。ヒナタは、心臓をバクバクさせながら口を開きました。

「あ、あの……あのねっ」

「ちょっと待って」

そんなヒナタの言葉を、ノアがさえぎりました。

ノアは、ヒナタに頭を下げました。
「ごめんね、ヒナタ。わたし、ヒナタにあたってひどいこと言った」
「ちがうっ、ノアは悪くないの。わたしが、自分の気持ちをちゃんと言わなかったから」

先にあやまらせてほしいの

わたしも……カケルが好きなの！

ヒナタは泣きながら、自分の本当の気持ちを言いました。それを聞いて、ノアはにっこり笑います。
「うんっ！　伝えてくれて、ありがとう！」

それを聞いて、今までだまって聞いていたユメノが、ふたりに抱きつきました。

よかったーっ　ふたりとも仲なおりできたねっ！

「ユメノにも心配かけて
ごめんね。ありがとう」
ヒナタは、今までかげで
フォローしてくれたユメ
ノに改めてお礼を言いま
した。それを聞いて、ユ
メノはにっこり笑います。
「友だちだもん、あたり
まえだよっ」

C＋H
ラインニット×デ
ニムスカートで王
道プレッピーコー
デが完成！

D＋F
15日目と同じ組み
合わせだけど、ス
タジャンを腰に巻
いてイメチェン！

ヒナタは大事な友だち！
大切にしなかったら
ゆるさないからねっ!!

そのころ、ノアはカケルと話してい
ました。
「カケルくんって、ヒナタのこと好
きなの？」
「えぇっ!?」
カケルは真っ赤になって言いました。

す、
…
好き
だよ

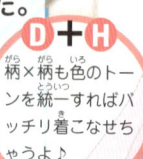

D＋H
柄×柄も色のトー
ンを統一すればバッ
チリ着こなせち
ゃうよ♪

30 Day

今日は、学校が終わってからそのままユメノの家でお泊まり会！勉強のこと、サッカーのこと、家族のこと、恋のこと。3人は、いつまでもしゃべり続けます。

B＋J
6日目と同じ組み合わせだけど、トップスを上から着てアレンジ！

A＋F＋I
ボーダー×チェックの柄コーデを、デニムでバランスよく着こなし！

C＋E＋J
ピンクをプッシュしたコーデは、白カーデでバランスをとるのが正解！

そこには、気まずくなる前よりずっと、本音で話せるようになった3人がいました。

ショート～ミディアムさんのヘアアレ

髪が短めのショートさん＆ミディアムさんも、工夫しだいでい
ろいろなアレンジができるよ！　ぜひ挑戦してみてね❤

＊あみこみ ハーフアップ

用意するもの

ヘアゴム
（1個）

アメリカピン
（1本～）

ダッカール
（2個）

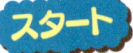
スタート

1 トップの毛を とり分けておこう

トップの毛をすくってとり分け、ダッ
カールで固定しておこう。

2 耳上の毛束を後ろに 向かってあみこもう

片側の耳上の毛束をとり分け、後ろに向
かってあみこんでいこう。毛先まであん
だら、ダッカールでとめておいて。

3 反対側もあみこんで後頭部で結ぼう

☆と反対側の耳上の毛束もあみこんでいくよ。毛先まであんだら、☆と合わせて後頭部で結んでね。

4 ☆の毛をねじってピンでとめよう

☆でとり分けた毛をまとめて1回ねじり、ピンでとめるよ。最後にねじった部分と、あみ目の毛を引きだしてゆるめれば完成！

できあがり

すっきり＆ガーリー♥あみこみがキュート！

235

スタート

1 耳上の毛を
高めの位置で結ぼう

耳より上の毛をとり、高めの位置で結ぶよ。左右対称になっているか、鏡で確認してね！

2 毛束を毛先まで
きつくねじろう

毛束を内向きにグルグルねじるよ。ゆるまないように、きつくねじるのがポイントだよ！

3 毛束を結び目に
巻きつけよう

ねじった毛束を、結び目を中心に巻きつけ、中心に向かってピンでとめて固定しよう。反対側も同じように！

できあがり

ちっちゃいつので
コアクマにへ〜んしん★

236

✳ ちびみつあみ プラス

用意するもの

ヘアゴム
（2個）

スタート

1 トップの髪の耳より
前の毛をとり分けよう

トップの髪をセンターで分けるよ。片側の
耳の横あたり毛の表面をすくって持ち、残
りは耳にかけておいてね。

2 毛先までみつあみして
ゴムで結ぼう

☆の毛を毛先までみつあみしていき、
ゴムで結ぼう。

3 あみ目をゆるめて
ルーズに仕上げて

結び目をおさえながら、あみ目の毛を
引きだしてルーズに仕上げよう。反対
側も☆〜☆を同じように。

できあがり

ちびみつあみでカーリー＆ポップに☆

＊なんちゃって おだんご

用意するもの

ヘアゴム　　アメリカピン
（1個）　　（5本～）

スタート

1 トップの毛を 輪っかに結ぼう

トップの毛をざっくりとり分け、頭の
てっぺんで結ぼう。このとき、毛束を
輪っかにして結んでね。

2 毛束を少しずつつまんで ピンでとめていく

1の輪っか部分の毛を少しずつつまみ、
結び目をかくすようにしてピンをさして
とめるよ。4～5か所とめてね。

できあがり

3 前髪の表面をすくい ピンでとめるよ

前髪の表面の毛をすくいとり、かるく
ねじってカラフルなアメピンで数か所
とめよう。おしゃれに仕上がるよ。

ふわふわ～なおだんごが
かわいすぎっ♡

＊ワザあり くるりんぱ

用意するもの

ヘアゴム
（2個〜）

スタート

1 トップを7：3に分け 根もとを結ぼう

トップの毛を7：3に分けるよ。多いほうの毛をとり分け、根もとをゴムで結ぼう。

2 くるりんぱを つくっていこう

1の結び目の上に穴をつくり、外側からくるりんぱ！ 穴が見えなくなるように毛束を左右から引っぱろう。

できあがり

3 さらに1〜2回 くるりんぱをつくろう

2の結び目から指2本分くらいのところをゴムで結んでくるりんぱ……を1〜2回くり返してね！

かんたんなのにこって見えるのがステキ♥

239

Staff

著者	めちゃカワ!!おしゃれガール委員会
イラスト	池田春香(表紙、まんが、春〜冬の物語)
	くずもち(ときめき♥おしゃれコラム)
本文デザイン	大場由紀(ダイアートプランニング)
装丁	小口翔平＋岩永香穂(tobufune)
編集	スリーシーズン(朽木 彩)

本書の内容に関するお問い合わせは、**書名、発行年月日、該当ページ**を明記の上、書面、FAX、お問い合わせフォームにて、当社編集部宛にお送りください。**電話によるお問い合わせはお受けしておりません。**また、本書の範囲を超えるご質問等にもお答えできませんので、あらかじめご了承ください。

　FAX：03-3831-0902

　お問い合わせフォーム：http://www.shin-sei.co.jp/np/contact-form3.html

落丁・乱丁のあった場合は、送料当社負担でお取替えいたします。当社営業部宛にお送りください。本書の複写、複製を希望される場合は、そのつど事前に、出版者著作権管理機構(電話：03-3513-6969、FAX：03-3513-6979、e-mail：info@jcopy.or.jp)の許諾を得てください。

[JCOPY] ＜出版者著作権管理機構 委託出版物＞

めちゃカワ!!
おしゃれ着まわしコーデSTORY 春夏秋冬コレクション

著　者	めちゃカワ!!おしゃれガール委員会	
発行者	富　永　靖　弘	
印刷所	株　式　会　社　高　山	

発行所	東京都台東区 株式	株式会社 新星出版社
	台東2丁目24 会社	
	〒110-0016 ☎03(3831)0743	

© SHINSEI Pubulishing Co.,Ltd.　　　　Printed in Japan

ISBN978-4-405-07245-9